カスハラの犯罪心理学

桐生正幸
Kiriu Masayuki

インターナショナル新書　123

はじめに

カスハラの犯罪心理学

「お客様は神様です」

誰もが知るこの言葉で加害を正当化する〝お客様〟がいる。従業員に対して高圧的な態度をとる。常軌を逸する攻撃的な言動で従業員を苦しめる。そういった「カスタマーハラスメント（カスハラ）」に苦しめられている従業員は、日本国内に数知れない。

こうした事態を受けて、厚生労働省は二〇二二年二月に「カスタマーハラスメント対策企業マニュアル（以下、対策企業マニュアル）」を発表した。セクシャルハラスメントやパワーハラスメントなどと同じように、カスハラを防止することは雇用主の義務だというお達しが国から出されたのだ。

この本を手に取った方のなかには「お客様は神様」という言葉に理不尽さを覚えたことのある人も多いだろう。

「自分もお客さんから罵られたことがある」

「上司に『クレーム対応も仕事のうち』と言われ、泣き寝入りした経験がある」

「悪質な客ばかりで体調を崩して仕事を辞めた」

店先で客に怒鳴られる店員を見て心を痛めた、あるいは店員にひどい態度をとる客を見て憤った経験のある人はもっと多いだろう。こうした悪質な消費者たちは、見過ごしてはならないカスハラ加害者だ。

私は犯罪心理学の観点からカスハラを研究し、その解決を目指している。

「カスハラが犯罪だなんておおげさな」と思われるかもしれない。しかし、犯罪とそれ以外の行為を分ける基準は、「法律で犯罪と規定されているか否か」のみだ。法律上ではまだ犯罪と規定されていなくても、実質的に犯罪に等しい行為は世の中にあふれている。私はカスハラもその一つだと考えている。

私は大学で教鞭《きょうべん》を執る以前は、山形県警の科学捜査研究所（科捜研）で主任研究官として犯罪者プロファイリングなどの心理分析の業務に携わってきた。各地の警察署から要請があれば、犯罪現場に立ち会い、目撃者や被害者の話を聞いてきた。容疑者の面接・検査をおこない、鑑定人として裁判所に出廷もしてきた。大学教員になってからも、捜査協力や防犯アドバイザーなどを務めている。

画像解析などを用いて犯罪者をあぶりだすサスペンスドラマで、科捜研の存在は日本でも広く知られるようになった。犯罪心理学では、数理統計学や生理心理学、ＡＩによる行動分析など、さまざまな領域の知見を駆使し、犯罪が起こるメカニズムなどを明らかにしていく。

本書では、カスハラを被害者に対する加害行為と捉え、犯罪心理学の理論をもとに、対策企業マニュアルだけではカバーできない観点から、カスハラの実態に迫っていく。

カスタマーハラスメントの定義とは？

最近ではテレビやネットでも注目されるようになり、「カスハラ」という単語の認知度は急激に上がっている。しかし、その定義についてはどうだろうか。まずは、言葉の意味を確認しておこう。対策企業マニュアルには、次のような定義が載っている。

顧客等からのクレーム・言動のうち、当該クレーム・言動の要求の内容の妥当性に照らして、当該要求を実現するための手段・態様が社会通念上不相当なものであって、当該手段・態様により、労働者の就業環境が害されるもの

三回も出てくる「当該」については、それぞれ説明が加えられている。

①顧客等の要求の内容が妥当性を欠く場合
企業の提供する商品・サービスに瑕疵・過失が認められない場合／要求の内容が、企業の提供する商品・サービスの内容とは関係がない場合

②要求を実現するための手段・態様が社会通念上不相当な言動
・要求内容の妥当性にかかわらず不相当とされる可能性が高いもの
身体的な攻撃（暴行・傷害）／精神的な攻撃（脅迫、中傷、名誉毀損、侮辱、暴言）／威圧的な言動／土下座の要求／継続的な（繰り返される）、執拗な（しつこい）言動／拘束的な行動（不退去・居座り・監禁）／差別的な言動／性的な言動／従業員個人への攻撃、要求
・要求内容の妥当性に照らして不相当とされる場合があるもの
商品交換の要求／金銭補償の要求／謝罪の要求（土下座を除く）

以上を読んでも、漠然としていてわかりづらいと感じた方も多いはずだ。そこで、本書ではこの定義をもう少し具体的に表現したいと思う。

「悪質なクレーム」を「商品やサービス、性能、補償などに関し、消費者が不満足を表明した

もののうち、その消費者が必要以上に攻撃的であったり、感情的な言動をとったりしたもの、または悪意が感じられる過度な金品や謝罪を求める行為」とし、その行為者を「悪質クレーマー」とする。そして、悪質クレーマーから従業員（接客応対者やコールセンター担当者など）が受ける心理的負担や心身の被害に焦点を当てたものを「カスタマーハラスメント（カスハラ）」と定義する。言い換えれば、常識外れの悪質クレーマーから過度なストレスが与えられる状態がカスハラだと言えよう。

本書の構成

序章では、犯罪心理学者である私が、なぜカスハラを研究するようになったのかを説明し、この問題の深刻さを伝えたい。続く第一章では、実際に起きた刑事事件や、コロナ禍によって深刻化したカスハラの実例を挙げ、犯罪としてのカスハラを読み解く。第二章では、カスハラをおこなう加害者の心理構造に迫る。第三章ではカスハラが起こる社会構造、第四章ではカスハラ対策の最前線を紹介する。以上をふまえて、いよいよ第五章でカスハラ防止法案とその展望を描き、終章はまとめに代えて、私からの提言を記す。なお、現場に立つ従業員のためのマニュアル「カスハラ・プロファイリング・メソッド（ＣＰＭ）」を巻末に付録として添えた。ぜひ活用していただきたい。

目次

第三章　〝お客様〟の正体

第四章　カスハラ対策の最前線

序章　衝撃の実態

カスハラとの出合い

「悪質なクレーム」の講演依頼

二〇二三年の夏、私のもとに一つの講演依頼が届いた。送り主は、公益社団法人消費者関連専門家会議（ACAP）で働く大学時代の同窓生。依頼内容は、悪質なクレームに関するものだった。それまでの私は、消費者心理の調査や研究の経験はなく「なぜ、犯罪心理学者である私に頼んだのだろう……？」と半ば不思議に思った。そこで、講演に関する話を聞くため、久しぶりに彼に会い、日本のカスハラの実態を知ったのだった。

「謝罪しろと店長を家まで呼びつけ、何時間も軟禁した」

「来るたびに女性従業員にばかり言いがかりをつけ、身体に触る客がいるが、常連客なので来るなと言えない」

「理不尽な要求なのに自分が正しいと言い張り、応じないと店内で喚《わめ》き散らして暴れる」

彼が語る事例の数々は、この問題がいかに深刻であるかを十分に示していた。私は犯罪心理学者として、不安と好奇心半々の気持ちでこの講演を引き受けることにした。だがその後、彼から預かった資料や自分で探した関連記事を見て、不安も好奇心も吹き飛ぶほど驚くこととなる。クレーム行為の多様さはもちろん、常習的なクレームや反社会的なクレームの悪質さが想像以上だったのだ。ごくごく「普通」であるはずの買い物客による攻撃性、自己顕示の強さ。翻って、そのクレームに対応する接客応対者の過度なストレス。カスハラは私の想像をはるかに超えて重大な問題だったのだ。

ストーカーとカスハラの類似

私は、悪質なクレームに関する資料や関連記事を読みながら、かつて自分がおこなっていた犯罪心理学の研究の一つを思い出していた。二〇〇〇年施行の「ストーカー行為等の規制等に関する法律（以下、ストーカー規制法）」以前のこと。研究仲間と共にストーカー的犯罪の事例を収集し、分析していたころのことである。なぜなら、カスハラにはストーカーと似た加害者心理があると感じたからだ。

ストーカー行為とカスハラ行為では、加害者側の心理に類似点が見られる。たとえば、ストーカー加害者が年配者である場合、孤独感などから話し相手を欲する傾向が強く、問題行動を繰り返す要因になりうる。同様に、カスハラ加害者にも常習性がある。また、ストーカー加害者は自分の間違いを認めづらく、感情のコントロールが難しい傾向がある。そのため、自分の不当行為の正当性を激しく主張し、攻撃的な感情を剝《む》き出しにする。そうした一面がカスハラ行為でも見られる。また、執拗に相手につきまとったり、拘束したりするということは、細かいことに粘着できるだけの時間やお金の余裕も必要だ。このように、ストーカー行為をとる加害者の特徴の多くが、悪質クレーマーの資料にも見られた。

そしてなによりも、法律が制定されるまで時間がかかったために被害者が泣き寝入りするしかなく、世の中が見てみぬふりをして加害者を増長させていった経緯が酷似している。ストーカー行為も、規制等に関する法律ができるまではグレーな部分が多く、法的な抑止力が弱かった。つきまとい行為を受けていた被害者が殺害されるという事件をきっかけに、ようやく法律が制定されたという経緯があるのだ。

カスハラは、間違いなく新たな犯罪心理学の研究テーマだった。

名刺交換の行列

こうして私は、カスハラの深刻さを知り、ACAPで講演をおこなった。しかし、驚きの体験は続いた。講演終了後、私との名刺交換に行列ができていたのである。これまでの犯罪心理学に関する講演会ではありえなかったことだ。三〇分間におよぶ名刺交換のなかで、各企業の担当者の真剣な質疑から、この問題の重さをひしひしと感じた。

この講演のあとにも、いくつかの企業の研究会から悪質なクレームに関する講演の依頼を受けた。どの講演会でも、同じように担当者の切実な質疑を受けた。既存の対策では解決に至らない深刻な問題に、ずっと直面してきていたのだ。

担当者たちの意気込みを前に、私もこの問題に関わるならば片手間仕事では失礼だと考え、本格的な研究へと乗り出すことにした。大学や日本学術振興会へ研究費を申請して認められ、また並行してベテランの消費者窓口担当者の有志との研究会も立ち上げた。そして悪質なクレームに関する加害・被害のデータを集めて分析していくことになったのだ。

これまでのカスハラ対策

初期の「クレーム本」

まず、私は悪質なクレームに関する先行研究を調べてみることにした。これほどの被害を生んでいる問題ならば、研究はもちろん、実用書をはじめ一般書も多く書かれているに違いないと思ったからだ。ところが、関連する論文や書籍を探しても、私が必要とするものはそれほど多くは見つからなかった。

当時はまだ「カスハラ」といった表現はほぼない状態で、「クレーマー」や「クレーム」といった名称で書籍が出版されていた。「クレーマー」という呼称そのものは、一九九九年の「東芝クレーマー事件」を契機に日本社会では広く知れ渡っている。この事件は、購入者の製品の点検・修理を求める依頼に対して、東芝側が杜撰《ずさん》に対応し、はてには担当者が暴言を吐いたというものだ。その対応の録音がネット上で拡散され、大きな注目を集めた。顧客対応を誤ったことで企業への不信感を招いたこの事例を皮切りに、企業に対するクレームは多発していった。もちろん、企業に妥当な改善を要求するクレームもあったのだろうが、なかにはカスハラにつながる悪質なものも数多くあった。

こうした社会背景のもとで刊行された書籍の内容の多くは、クレーム対策マニュアルだった。こうした本では、悪質クレーマーの態度や悪質なクレームが起きる要因について、社会的・心理的側面からは分析されていない。その多くは、接客の専門家の目線でクレーマーと対峙《たいじ》するもので、クレームにどう対応すべきかといった実務的な内容が主だったのだ。

接客と法律

お客様相談室などに長く勤務する著者による本では、クレーマーにいかに上手《うま》く対応するか、その心構えやノウハウが中心となっている。『となりのクレーマー』（二〇〇七、中公新書ラクレ）や『あんな「お客《クソヤロー》」も神様なんすか？』（二〇一三、光文社新書）は、有能なお客様相談室担当者が玄人クレーマーと渡り合う属人的な苦情対応を説き、あるいは、有能な営業担当者がワガママな客と付き合ううえでの営業スキルやマインドが書かれている。事例のおもしろさが際立つものの、同じ立場で働く人がこれを読んで「自分も真似《まね》できる」と思うのは極めて難しいと感じた。

こうした一個人の能力に頼ることなく、多角的な観点から苦情対応について記されているのが、ACAPが編集した『改訂2版 お客様相談室（図解でわかる部門の仕事）』（二〇一一、日本能率協会マネジメントセンター）だ。苦情を顧客満足につなげることを主眼とし、お客様相談室などの役割や仕事などを図解で示すとともに、一般的なクレームにおける対応マニュアルとしても的確な内容となっている。

ベテランの個々の経験だけではなく組織として対応することを示した本としては、その他に『カルビーお客様相談室：クレーム客をファンに変える仕組み』（二〇一七、日本実業出版社）なども挙げられ、二〇一〇年代半ばからこうした傾向の本の出版が続くようになった。

こうしたクレーム対応を書いた書籍とは異なるものとして、法律の専門家によって書かれたクレーマー対策に関する書籍もある。しかし、内容は主に法律上の手続きに特化している。訴訟などに発展するような、明らかにアウトなケースが念頭に置かれており、多くの人を苦しめているグレーゾーンのカスハラについては有効な手立てが乏しいのだ。

犯罪心理学の研究対象としてのカスハラ

こうしてすでに出ている本を読んでいくうちに、私は名刺交換の行列で出会った担当者たちの必死さに納得した。接客対応のプロによる講習も、悪質クレーマーを裁きにかける弁護士の講習も、カスハラの根本的な解決には至らなかったはずである。カスハラ問題の実態を検討していくうちに、私はますます「この問題は、間違いなく犯罪心理学の研究対象だ」と確信を深めた。

法の専門家が扱う悪質なクレームは、既存の法律によって対応が可能だ。しかし、その範囲外の問題行動については、基本的に個々の従業員のスキルに依存している。これでは、被害を受ける従業員の心身は消耗されていくばかりだ。

つきまといや待ち伏せ、暴言といった法律で対処できなかったストーカー行為も、規制法が成立したことで処罰できるようになった。同じように、カスハラ問題も新たな法整備を目指す必要がある。それまでの間、被害者を守れるかどうかは、各企業の対応に左右される。

カスハラ被害者たちを守るためには、根治療法が必要だ。そのためにはデータを分析した科学的な結果に基づく対策を実施して、カスハラが犯罪であることを示す必要がある。その役割を犯罪心理学が担っているのだ。

犯罪者は、普通の人である

犯罪心理学の基本

ここで、そもそも犯罪心理学がどういったものかを説明しておこう。クライム映画やサスペンスドラマなどによって、犯罪捜査で心理学者たちが活躍するイメージは、世間にもずいぶん広がったように思える。そういったフィクション作品のなかでの「犯罪心理学」は、司法精神医学や臨床心理学に基づき、犯罪者の「動機」や「処遇・矯正」を扱うイメージだろう。これはあながち間違ってはいないが、犯罪とその周辺事象に関連する研究は、想像以上に多様化している。

たとえば、私の専門領域では、犯罪者の行動を中心に、統計学や地理学などを加味した学際的研究が実施されている。複数の専門領域の知見を重ね合わせながら、研究がなされているのだ。また、犯罪者＝加害者のみを対象とした研究だけでなく、被害者を対象とした心的援助の研究、目撃者の記憶の検討など、犯罪者以外にも焦点を当てた研究も盛んにおこなわれている。

そのため、犯罪心理学は「犯罪者や、犯罪に関与する被害者、目撃者、物理的環境などに対し、心理学の理論によって分析、検討をおこなう学問」だと言える。イギリスの犯罪心理学者レイ・ブルは、犯罪心理学を「司法手続きが直面する問題に、心理学的知識や方法を適応する学問」と定義し、具体的には「臨床的判断による査定、心理学による実験、統計手法を用いた数理、検察や弁護士への助言」をおこなうものと説明している（筆者訳）[Bull et al. 2006]。つまり、犯罪心理学は、犯罪者の異常な動機を明らかにするだけのものではないのだ。むしろ、犯罪心理学は犯罪者のほとんどが私たちと同じ行動をとっていることを明らかにしてきた。ミステリー小説ではつい犯人探しに夢中になるものだが、登場人物が加害者一人では犯罪という事象は成り立たない。犯罪は、「被害者」「加害者」「目撃者・監視者・傍観者」「犯罪現場」など複数の要素によって構成される。それらを複合的に分析するのが、犯罪心理学なのだ。

犯罪者とは何者か

ここまでの説明から「想像していたのと違う」と感じた読者もいるかもしれない。映画やドラマでは、科学的知見を駆使して特別捜査官がシリアルキラー（連続殺人犯）を追い詰める様子が描かれたりするが、すでにおわかりのように「犯罪心理学＝異常な心理の学門」といったイメージは誤りがある。

そもそも、犯罪者が全員サイコパス（精神病質パーソナリティ）というわけではないし、むしろサイコパスによる犯罪は少ない。殺人事件のほとんどは顔見知りによる犯行で、人間関係や恋愛関係のトラブルや軋轢《あつれき》から、問題をなんとかしようと殺してしまった……という事例がほとんどだ。日常的に報道されている殺人事件の多くは、そうした「普通の人」が日常生活のなかで犯す殺人で、「人を殺してみたかった」などといった動機による殺人は、稀《まれ》である。

これは殺人に限らない。たとえば、侵入窃盗は、一定の手口を持つ常習犯による犯行が多い。彼らはターゲットを見つけ、周辺エリアの下見をし、建物の特徴をつかみ、最適な逃走経路を確認して「仕事」をおこなっている。事前に得た情報に基づいて、不足分を補い、本番に向けて準備を整えて、決行する。これだけ聞けば、あらゆる仕事に通底する行為である。

このように、犯罪者の心理は決して異常でも特殊なものでもない。私や読者のあなたと同じように、自分が得をするよう、あるいは損をしないよう行動しているのだ。ただ、その結果が「犯罪」であるだけだ。

合理的選択理論

ここで、犯罪心理学に不可欠な二つの理論を紹介しよう。

一つ目は「合理的選択理論」と呼ばれる考えだ。

これは「犯罪者は、犯罪者自身の利益を最大化するように行動する」という考え方に基づく理論である。合理的選択理論では、犯罪者は犯罪行為によって得られる利益と不利益を比べ、逮捕されるリスクや捕まったあとに被る不利益（刑罰など）の方が少ないと判断すれば、その犯罪行為をおこなう、と想定する。

たとえば、あなたが万引きをたくらんでいるとしよう。人の目や監視カメラなどが多い店と、そうでない店。どちらを選ぶだろうか？　スリルを得るのが目的でない限り、監視の少ない店を選ぶはずだ。犯罪者は、合理的な選択から被害者を選んでいるというわけだ。

レイプ犯は一般的に「性的衝動を抑えることができず突発的に犯行に及ぶ」と思われている。だが、警察庁の研究では、レイプ犯に「なぜその女性を選んだのか？」と尋ねたところ、若い女性や露出度の高い服装の元気な女性よりも「おとなしそうで警察に届け出をしないような女性を選んだ」という回答の方が多かったことが報告されている〔内山　二〇〇〇〕。

性犯罪者ですら、単に衝動的・非合理的に犯行をおこなっているわけではないのだ。「性的満足」という利益と、「犯行の難易度」および「逮捕されるリスク」という不利益を天秤にかけ、リスクの低い方を選ぶ。こうした研究によって、犯罪者が合理的な判断に基づいて犯行をおこなうことが明らかとなっている。

合理的選択理論によれば、多くの犯罪者の心理はいわば「普通」なのだ。

ルーティン・アクティビティ理論

二つ目は「ルーティン・アクティビティ（日常活動）理論」と呼ばれる考え方だ。

この理論では、犯罪が発生する可能性を決める四つの要素を規定している。

①動機づけられた犯行者（加害者）
②格好の標的（被害者、被害対象物）
③監視者（監視カメラなども含む）の不在
④空間的要因（いつ、どこで）

これらが重なることで、犯罪が発生する可能性が高まる、と考えられている。こうした複数の要素を用いて、犯罪を総合的に分析することが重要なのだ。

例を挙げよう。お金が欲しいひったくり犯（加害者）がいると仮定しよう。だが、お金を持つ標的（被害者）がいなければ、ひったくりはできない。仮に被害者がその場にいたとしても、それが交番（監視者）の目の前だったら犯行はしづらい。お金が欲しいひったくり犯は、被害者を探すのではなく、監視カメラや人気の少ない場所と時間に、たまたまそこで出くわした人を標的に選ぶ。犯人が意識的に探していようといなかろうと、犯行の成否に関わる四つの要素が重なって事件は起こるのだ。

つまり、犯罪は無規則に発生するわけではなく、条件と環境が整うことで起きるのである。

「普通の人」がカスハラ加害者になる

この二つの理論から導かれる犯罪者の姿は、平凡にさえ見えるだろう。

多くの犯罪者は、私たちと同じように合理的に行動する「普通の人」で、その行動は時間や場所などの状況にも制約されている。

これは悪質なクレームについても同じことが言える。悪質クレーマーもまた、クレームによって得られる心理的な利益（不満の発散や自己承認）と、リスクや不利益（失敗や通報など）を天秤にかけ、合理的な選択をしている。そして、その対象となる接客対応者やお店の状況を判断しながら、問題行動に及ぶ。ある意味で「普通の人」が、カスハラをおこなっているのだ。

カスハラ大国ニッポン

「熱中症になったらどうするんだ!?」

ここで、具体的なカスハラの例を見てみよう。

Aさん（四〇代）は、地方で展開する中型スーパーマーケットでパートとして勤務している。五年目ともあって周囲の同僚からも頼られ、この日も店内の商品チェックや接客を任されていた。

当時、Aさんの店舗は本社からの指示で新型コロナウイルス感染症対策を求められるようになっていた。従業員全員の手洗いやアルコール消毒の順守、マスクの着用。そして、来店するお客にも、入店時のアルコール消毒・マスクの着用をお願いすることになっていた。

その日は猛暑日で、店内の客足も普段より少なかった。正午前、六〇代と思われる常連の男性が来店してきたが、マスクをしていない。店長からの目配せのサインを受け、Aさんはその男性に声をかけた。

「お客様、いらっしゃいませ。いつもありがとうございます。それで、大変申し訳ないのですが、マスクをつけていただけますでしょうか」

すると、その男性は不快そうに「なんで？」と彼女を睨《にら》んだ。

「いま、新型コロナウイルス感染症の予防のため、皆さんにはマスクの着用をお願いしているのですが」とAさんが答えると、男性は突然声を荒らげ、「俺がコロナだって言うのか、この店は客をコロナ扱いするのか!?」と暴れ出した。

驚いた店長が「すみません、どうしましたか」と駆け寄ると、男性は「こんな暑い日に『マスクをしろ』と強要するつもりか！　厚生労働省は『暑いときはマスクを外せ』とちゃんと言ってるぞ！」などと大声で喚きだす。このままでは、他のお客にも迷惑がかかってしまう。

「わかりました、わかりました！　では、ちょっと外の方に来ていただけますか」

店長がそう言って二人で男性を店外に連れ出すと、男性はますます怒り狂い、唾を飛ばしてまくしたてる。

「お前たち！　こんなところで熱中症になったらどうするんだ!?　責任を取るのか？　責任を取ると一筆書け！」

「マスクしてもいいが、その間はうちわであおぎつづけろ！」

感染症対策どころではなくなってしまった。男性は無理を言うばかりで取りつく島もなく、結局、Aさんと店長はその後三〇分も店外で怒鳴りつづけられたのだった。

実は、このような事例は、いまでも日本中で発生しつづけている。

たとえば、コロナが蔓延《まんえん》しはじめた時期に、店舗営業を続けていたとあるドラックストアが不特定多数の人から「営業するな」との電話を受けている。また、ある野菜の産地で感染者が増えているというニュースが報道されれば、「その産地の野菜を買うとコロナに感染する」と常連客から返品されたという風評被害の事例などもある〔桐生　二〇二〇〕。

例を挙げればキリがないほど、コロナ禍によって理不尽なカスハラが全国各地で急増しているのだ。

クレームとカスハラの違い

Aさんの事例を読み、あなたはどう思っただろうか？

「クレーム対応の仕方が悪いよね。外に連れ出さなくてもよかったはず。誠意を尽くさないからお客さんも怒る。もっとうまく対応できれば大事にはならなかったはず」

もしそんなふうに思った方は、「そもそもクレームとはなにか」を知る必要があるだろう。

クレームとは本来「問題解決を求めている場合の要求・主張」のことをいう［田中ほか 二〇一四］。今回の場合、マスクの着用を店側が頼んだことに対し、男性が要求した内容は問題解決には至らない、簡単に言えば「言いがかり」だ。その後の男性の態度や言動を見ても、このクレームの悪質性が窺《うかが》い知れる。

「はじめに」で「悪質なクレーム」を、「商品やサービス、性能、補償などに関し、消費者が不満足を表明したもののうち、その消費者が必要以上に攻撃的であったり、感情的な言動をとったりしたもの、または悪意が感じられる過度な金品や謝罪を求める行為」と定義した。

店長とAさんにマスク着用を求められた男性客は、その対応に不満を漏らした。「知らなかったのでマスクを持っていない」と言えば済むところを、喚き散らして暴れるといった常軌を逸する行動に出たのだ。高圧的な態度で従業員を攻撃し、過度な謝罪とサービスを求める行為は、相手を傷つける加害＝カスハラにあたる。

では、こうした悪質なクレームを容認すれば、店の商品やサービス、性能や補償が果たして向上するだろうか？　むしろ悪化の一途をたどることは容易に想像がつく。理不尽な要求に対応していては、業務効率も下がり、周りの客からも不審に思われるだろう。そして、悪質なクレームを受ける従業員の心身の被害を疎《おろそ》かにしていては、次々に辞めていってしまうだろう。悪質なクレームを容認していると、客の質も店の質も下がるばかりの悪循環が待ち受けているのだ。

ナッツリターン事件

ここで、海外へと目を向けてみよう。他国におけるカスハラはどのような状況だろうか？

海外でのクレーマーによる事件と聞いて、二〇一四年に起きた「大韓航空ナッツリターン事件」と呼ばれる出来事を思い出す人も多いだろう。メディア報道により世界的に有名になった悪質クレーマー事件の一つだ。

これは、大韓航空機に搭乗していた当時の同社副社長のクレームにより、滑走路を進んでいた同機が搭乗ゲートへ引き返し、機内サービス責任者が降ろされたという騒動だ。その原因は、なんとＣＡがナッツを袋のまま手渡ししてきたこと。この対応に腹を立てた副社長は、他の乗客の前で喚き散らした。この過剰な反応と越権行為は批判され、副社長は逮捕された。

韓国は、日本と同じ年上を敬う儒教的な価値観に加えて、徴兵制によってもタテ社会が強化されている側面があり、経済格差も顕著だ。そうした社会で、接客に対応する従業員たちは客の攻撃的な言動に耐え忍び、自分の気持ちを押し殺して働かねばならない感情労働（業務中に感情のコントロールや表現が求められること）が強いられてきたという。ナッツリターン事件に関しては、カスハラ加害者が同社の経営層でもあった点は特異だが、数年前に韓国との共同セミナーで私が日本のカスハラの調査結果を報告した際には、韓国の研究者が一様に「韓国もそうだ」と言って幾度も頷いていた。日本と同じく、韓国でもカスハラは多発していることがよくわかる。

こうした感情労働とカスハラが韓国で社会問題となった結果、二〇一六年にソウル市条例の制定により感情労働従事者の権利が定められた。さらに、国も立法化に動き出し、二〇一八年には産業安全保健法の改正が決定された。国全体で見れば、まだまだ企業側の管理・監督の不十分さへの批判もある。コロナ禍による影響は韓国も同様で、その被害は増加しているという。しかし、いち早く条例を定めたソウル市では、企業の個別マニュアルや実施方法をサポートし、被害を受けた従業員には一対一の心理相談や集団治癒プログラムをおこなうなどし、一定の成果をあげている。並行して実態調査やソウル市全体へのカスハラの啓蒙活動も広くおこなったことが功を奏したようだ。

国際社会でもカスハラは問題に

韓国のような一連の動きは、国際社会でも見られた。国連の専門機関である国際労働機関(ＩＬＯ)によって、ハラスメント行為を禁じる初めての国際労働機関条約「仕事の世界における暴力及びハラスメントの撤廃に関する条約」が二〇一九年に採択され、二〇二一年に発効された。従業員やフリーランス、求職活動者に対する「身体的、心理的、性的又は経済的損害を目的とし、又はこれらの損害をもたらし、若しくはもたらすおそれのある一定の容認することができない行動及び慣行又はこれらの脅威」を法的に禁じる条約だ。

一方で、韓国でもコロナ禍でカスハラ被害が増加したように、そのほかの国々でも以前よりも悪質クレーマーの問題行動は深刻化している。海外の消費者行動に関する学会誌には、先述したAさんと同様の状況が知れる論文が散見された。

たとえば、アメリカでは次のような事例が起きている。飲食店内での出来事だ。食事が運ばれてくるまでマスクを着用するよう店員がお願いすると、女性客は「コロナはでっちあげだ!」と怒鳴ってマスク着用を拒否した。また、ある別の男性客は「権利の侵害だ!」と叫び、マスクを着用するよう促した他の客にも怒鳴りつけた、など。この論文では、新型コロナウイルスのパンデミックが、顧客の不正行為を悪化させ、最前線にいる従業員のストレスを増加させたことが指摘されている［Northington et al. 2021］。

Aさんのケースとよく似た出来事がアメリカでも起きていたことがわかるが、一方で日本との違いもある。悪質なクレームに対する企業や店の態度が欧米では明確だという点だ。店側と客との間にトラブルが発生したときには、店側は警察官を呼ぶ。不当だと思う客は訴訟を起こす。製品やサービスに満足できなかった場合も、企業側が問題点を解決しなければその企業から離れて別の企業に移り、解決すればその店をさらに好きになるという傾向もある。

アメリカの消費者社会がさっぱりした関係性で成り立っているのは、文化的背景の違いがあるからだ。多様な文化や社会システムを持つ移民国家のアメリカでは、日本のような「忖度《そんたく》」や「暗黙のルール」は通じにくい。「良い／悪い」「好き／嫌い」「快／不快」と、はっきり伝えなければ生活できない社会だからこそ、店も顧客も対等な立場で振る舞うのだ。

世界に後れをとる日本

ハラスメント行為を禁じる国際労働機関条約が発効された二〇二一年、日本ではどのような動きが見られたのだろうか？　結論から言えば、日本政府は条約の採択に賛成しつつも、批准には後ろ向きだった。

法をつくると、企業側にとっては損害賠償などの訴訟が増える可能性もある。そうなれば、顧客第一主義を謳《うた》う企業には受け入れられにくい……。そんな忖度の結果、ハラスメント規制法（改正労働施策総合推進法、正式名称・労働施策の総合的な推進並びに労働者の雇用の安定及び職業生活の充実等に関する法律）が施行されても、禁止規定がなく抑止力が欠けた状態のままだ。現行法では被害範囲が狭いためにグレーな部分が広く、被害を防止できていない。

日本における悪質なクレームは、コロナ禍以前から従業員の心身に悪影響を与えてきた。欧米とは対照的に忖度し合う文化的背景と企業風土の特質は、カスハラを生み出す悪しき要因となっている。消費者による他社とのいきすぎたサービス比較やネットでの風評被害など、そうした消費者の過剰さに企業側も過敏に反応してきたことが、悪質なクレーム行動を悪化させている。

皮肉にも、企業が自らカスハラに加担するようなシステムが、日本には形成されていたのだ。そしてコロナ禍が、この悪しき土壌をますます活性化させてきた。

こうした消費者行動は、国の文化や社会システムの違いのほかにも、購買行動の意識の違い、移民の割合といった要因が関わると考えられている。先ほども挙げたように、移民国家であるアメリカでは、コミュニケーションの仕方が日本とは異なるという文化的背景の違いがある。それに加えてクレームに関しても、個人的な思想や価値観より、客観的判断に基づいて対応される［北村ほか　二〇二〇］。

そのため、クレームに関する研究や対策も、こうした文化的・社会的背景に基づいている。海外の研究では、消費者苦情行動（Consumer complaint behavior〈CCB〉）に関するモデルの提案や、企業側の適切な対応に関するものなど、経営やマーケティングに関連した心理学的研究が主流となっている。

当然ながら、国の成り立ちも文化も大きく異なる日本では、こうした海外の知見をそのまま当てはめることはできない。曖昧なコミュニケーションを重んじる文化のもと、曖昧でグレーなクレームに曖昧に対応する。そんな日本で悪質クレーマー対策を講じるには、日本国内でのカスハラ研究を積み重ねていく必要があるのだ。

第一章　キレる〝お客様〟たち

土下座を強要する〝お客様〟たち

土下座強要の逮捕劇

二〇一三年一〇月、札幌市内に住む当時四〇代の女性が「強要」の疑いで逮捕された。逮捕の一カ月前、女性は午後六時ごろに札幌市東区の衣料品店にやってきた。その手には前日にその店で購入したタオルケットが握られている。女性はパートの従業員を見つけると、凄まじい剣幕で詰め寄った。

「この店で買ったタオルケットに穴が空いていた！」

従業員はタオルの穴を確認すると謝罪して、返品を受けつけることにした。購入金額を返金したが、それでも女性の怒りは収まらない。

「店に来るのに使った交通費を返せ！」

なんと、女性はさらに金を要求してきたのだ。

クレームにはきちんと対応しているため、これは過度の要求になる。店長代理も加わって対応し、店の規定で払うことはできないと二人は女性に説明した。要求を突っぱねられ、女性はますます怒り狂うと、怯《おび》える従業員二人を怒鳴りつけ、なんと土下座を要求した。

二人は驚いたが、女性は本気のようだ。さらに詰め寄られ、怒鳴られる。他のお客も怯えている。これ以上長引かせては業務にも差し障るし、タオルケット代では済まない被害が出るかもしれない。二人は膝を折り、地べたに震えながら手をついた。土下座をする頭上では、写真を撮るシャッター音が鳴り響いた。

女性は、二人の名前を確認すると、その画像とともに店の悪評をSNSに投稿。さらに、自宅まで謝罪に来るよう要求した。

従業員たちが警察に被害届を出したことにより、この女性は逮捕された［「週刊現代」二〇一三年一〇月二六日号］。

カスハラの刑事事件

土下座させて写真を撮り、さらなる謝罪を要求する。反社会的勢力を思わせるやり口だが、これはカスハラの事例である。

幸いにも、この被害に遭った二人は加害者宅へ訪問することなく通報した。だが、もし被害届を出さず、女性宅を訪問していればどうなっていただろう？　何時間も軟禁され、さらなる要求に直面していたはずだ。

タオルケット一枚の穴一つで、従業員を土下座させ、さらにはその写真を撮ってインターネット上で拡散させる。その非道さに震え上がった読者もいれば、「バカなの？」と驚いた読者もいるだろう。SNS上での話題性を狙ったかは定かではないが、この女性が罪の意識もなくSNSに投稿したのは「正しい自分に世論も味方する」という安易な思いがあったのだろうか。
ちなみに、こうしたカスハラ行為は「強要罪（刑法第二二三条第一項）」にあたり、逮捕される。これは、次のような場合に成立する罪状だ。

①生命・身体・自由・名誉・財産に対して害を加える旨を告知して脅迫した場合
②暴行を用いて人に義務のないことをおこなわせ、または権利の行使を妨害した場合
③親族に対して同じことをして脅迫・妨害した場合

罰則には罰金刑はなく、三年以下の懲役が課される。「二年以下の懲役又は三〇万円以下の罰金」が罰則となっている脅迫罪と比べると、強要の方が重い罪なのがわかる。金を要求したが得られなかった「未遂」のケースであっても、罰せられる可能性は十分にある。

続く土下座事件

この事件のあとにも、よく似た事件が多発している。二〇一四年九月、場所は大阪府茨木市のコンビニだった。

ことの発端は、一人の女性がコンビニの店長らとの間に起こしたトラブルだった。トラブルを知った知人の男性二名がその後に来店。店長らに土下座をさせ、女性の娘がその様子を撮影し、動画をＳＮＳに投稿した。オーナー、エリアマネージャー、エリアの営業所長まで呼びつけられる事態となった。

「手ぶらで行きまんのか、オタク、謝りに行くとき」

男性らは反社会的な言葉を口にし、二万六七〇〇円相当のたばこ六カートンを脅し取った。この二人はカスハラの常習者で、過去にも似たような手口を繰り返していたことも、あとで明らかになっている。うち一人は自身も営業職として働いていた際、クレーム客に菓子折りを差し出し、土下座をして謝ってきた。そのため、「謝る際には土下座をし、財物を渡すのが普通だと思っていた」という。

ところが、このカスハラ事件はここで終わらない。女性は、別の知人男性にも連絡をして、トラブルについて話し、土下座動画を共有した。この男性も過去にクレームで現金を受け取った経験があったことから、コンビニの営業所長に七度にわたって電話をかけた。

「たばこと携帯代では話になりませんわ」

「誠意っていうのはお金のことですわ」

「信用ガタ落ちになりますよ」

そんな脅し文句を繰り返し、現金を脅し取ろうとしたのだ。

結果、この事件では男性三人、女性一人の全員が逮捕されることになった。女性の娘は少年院に送致された［産経ニュース　二〇一四年一二月二四日］。

終わらない土下座事件

仲間がいることを匂わせて、従業員を脅して土下座をさせる事件は他にもある。同じく二〇一四年一二月、北海道釧路市のコンビニで起きた事件では、二〇〜三〇代の男女四人が店員を脅し、土下座をさせたとして「強要」の疑いで逮捕された。一〇代の女性店員が言いがかりをつけられ、「若いやつ何十人も連れてくる」と脅されたうえ、約二五分にわたって土下座を強要された［J-CASTニュース　二〇一四年一二月三〇日］。

同月、滋賀県のボウリング場でも同じ事件が起きている。一緒にいた未成年の少女二人に対し、店員が年齢確認をしたことに二〇代男性が腹を立て、「前に来たときはそんなこと聞かれんかった」「土下座せぇへんかったら、店のもん壊す」と店員に約四五分間も土下座をさせた。少女らがSNSに投稿した土下座画像が滋賀県警に通報され、被害に遭った店員も警察に被害届を出したことで、三人は強要容疑で逮捕されている［産経ニュース　二〇一五年五月九日］。

さらには、傷害事件も起きている。

二〇一五年四月、滋賀県守山市で飲食店員に土下座をさせたあげく後頭部を足で蹴って軽傷を負わせたとして、二〇代男性が逮捕されている。男性は、知人二人と共にドライブスルー型の飲食店に来店。注文した際、商品が足りないとクレームを入れた。その後、店を出て知人宅に戻ったのだが、男性は店に電話をかけ、店員の帽子のつばが顔に当たったのを謝罪しろと、店員を知人宅に呼びつけていたのだ［産経ニュース　二〇一五年六月九日］。

土下座させても納得できない〝お客様〟

クレームへの謝罪や適切な対応を受けてもなお、キレた〝お客様〟たちは納得しない。執拗に相手を傷つけ、過度な要求をエスカレートさせていく点で、これらの事件は共通している。

大阪府茨木市コンビニ土下座事件で逮捕された男性は、裁判の席で「謝罪に納得できずに怒りが勝ってしまった」と説明した。それに対し、「相手が土下座してまで謝っているのに、どこまで謝れば気が済んだのか合理的に説明してください！」と語気を荒らげた裁判官の言葉には、誰もが頷くだろう［産経ニュース　二〇一四年一二月二四日］。

バカバカしい理由と理不尽な行為ではあるが、犯罪心理学の視点から見ると、加害者たちのほとんどは「利益を最大化するように合理的な選択をした」とも言える。

二〇一三年の衣料品店土下座事件のケースで言えば、穴の空いたタオルケットを持って、店を再訪する手間も時間もかけている。それ以上の心理的な見返りを手に入れるために「土下座の要求」や「SNS投稿」をおこなったのだろう。

大阪府茨木市のコンビニ土下座事件の加害者女性も、搾り取れるだけ搾り取ろうと、自分の人脈を利用している。しかも、カスハラ成功体験を持つ仲間の心理を熟知して、うまく動かしている。トラブルの現場にいなかった男性たちが義憤を覚え、わざわざ乗り込んで無償で脅迫行為に加担したり、七回も電話をかけたりしている。

しかし、こうした犯罪者の惜しまぬ努力を向けられた店は堪《たま》ったものではない。ターゲットにされた店は、いずれも人だかりができるような場所でも高級店でもない。手ごろな商品やサービスを売る日常的な店だ。接客をしているのも一般人がほとんどだ。犯行は容易だっただろう。トラブルのあとに店を一度去り、時間をおいて店に戻ってくる、あるいは従業員を呼びつけるなどの時差があるのも特徴だ。その間に、加害者たちは不満を募らせるのと同時に、利益と不利益を天秤にかける時間があったとも考えられる。

理不尽極まりないカスハラも、他の犯罪と同じように、加害者は合理的な選択をして事に及んでいるのだ。

〝お客様〟のその後

残念ながら、カスハラ加害者の身勝手さは、社会的制裁を受けても直らないケースもある。

二〇一四年九月、兵庫県加古川市の五〇代男性職員が、コンビニの女性従業員にセクハラ行為をおこない、停職六カ月の処分を市から受けた。ところが、男性職員は、この懲戒処分は重過ぎると不服を申し立て、市を訴えたのだ。訴訟の上告審判決で、裁判長は懲戒処分は「著しく妥当を欠くものであるとまではいえない」として男性職員側の請求を退けた。カスハラ加害者が、自身の加害行為を正当化する一方で自分の不利益には過敏であることを物語る事例だ［弁護士ドットコムニュース　二〇一九年二月一四日］。

なかには、殺人事件に至ってしまったカスハラもある。

二〇〇四年、東京都墨田区で三〇代の会社員男性が刺殺される事件が起きた。逮捕されたのは当時二〇代の牛丼店の店長だ。被害者の会社員男性は以前からたびたび店でクレームをつけ、店長との間でトラブルが続いていた。男性に現金を支払っても納得してもらえず、業務に支障が出ると考えて店長は殺人を犯してしまったのだ［毎日新聞　二〇〇四年一二月一二日］。

クレームに対する謝罪と対応があってもなお、キレる〝お客様〟が矛《ほこ》を収めないケースは多い。こうした終わりの見えない理不尽さを、現場の人員だけで解決することがいかに容易でないか、数々の事件は示している。

多様化するカスハラ

カスハラ加害者の五つのタイプ

近年では、悪質なクレームの内容やカスハラの内容が変わってきている。このことは、公益社団法人消費者関連専門家会議（ACAP）による調査でも指摘されている［幸山 二〇〇九］。ACAPがおこなったアンケートでは、回答者のうち約九割の人が、購入した商品やサービスに不満を持っていると答えた。買い物で不満を感じたことのない人の方が稀で、読者の多くもなんらかの形で不満を覚えたことがあるかもしれない。

また、クレームの内容も商品やサービスに関するものに限らなくなってきた。接客はもちろん、情報関連、金銭やシステム、法律など、その内容も多岐にわたっている。

表1は、私が集めたデータと先行研究を照らし合わせて抽出した、クレーム内容やその傾向を示すものだ［桐生 二〇一五］。土下座事件に見られるような、犯罪性の高い攻撃的なカスハラの他にも、さまざまな傾向があることが窺い知れる。

承認欲求や孤独感などの加害者の傾向や、知的な振る舞いを見せたり、あるいは不満を発散させたりするなどのカスハラ行動から、悪質なクレームをタイプ別に捉えることができる。タイプがわかれば適切な対応もとれるようになる。アドバイザーとして私も参加した研究会では、

クレームのタイプ	特徴
❶ 思い込み・勘違い	責任転嫁から、引っ込みがつかなくなる
❷ 歪んだ正義感	アドバイスと称したハラスメント
❸ ストレス発散	個人をターゲットにする
❹ 攻撃的	土下座や謝礼など過剰な要求
❺ 強い執着	精神状態からくるハラスメント

表1　クレームの傾向

それぞれの特徴から「攻撃的―防衛的」と「戦略的―非戦略的」の二軸を使って、カスハラ加害者を次の五つのタイプに分けることができた。

①思い込み・勘違いタイプ
②歪《ゆが》んだ正義感タイプ
③ストレス発散タイプ
④攻撃的タイプ
⑤執着の強いタイプ

実際のカスハラの例をアレンジして、それぞれのタイプの違いを見てみよう。刑事事件の内容から、④攻撃的タイプについては十分に想像できたと思うので、他の四タイプをめぐるカスハラの加害者の性質ややり口を紹介する。「カスハラ」とひと口に言っても、その内容がいかに多様かを感じてほしい。そうすれば、タイプ別に対応が違ってくることがわかるはずだ。

①思い込み・勘違いタイプ：責任転嫁から引っ込みがつかなくなるカスハラ

「不良品を買わされたわ！　いますぐ新品を持ってきて！」

受話器からの怒鳴り声に、販売員Bさんは驚きながらも、冷静な声で対応した。電話をかけてきたのは、数週間前に小型マッサージ機を購入した女性客だ。

「三日も経たずに壊れたのよ！」

調べてみると、彼女が買った商品はコードレスタイプのものだった。

「お客様、こちらの商品は充電式のものですが、充電はされましたか？」

「充電？」

「はい、付属品の充電ケーブルで六時間ほど充電していただければ動くと思います」

「そんなこと知らないわよ、動かないんだから欠陥品でしょ！　こっちは体が痛くて買ったのよ！　つべこべ言わず新品を持ってくるか、あんたが来てマッサージして！」

その後も女性は無茶を言いつづけるのだった。

不良品だと思い込み、勘違いを指摘されても相手が間違っていると主張しつづける。このように思い込みが強いタイプのカスハラ加害者は、責任転嫁をして相手を攻撃する傾向もある。

自分のなかで「店のせいだ。だから店側が解決すべき。店側は自分の言うことに応じるべき」という考えが固まってしまっているので、聞く耳を持とうとしない。

このケースでは不慣れな操作ですでにイライラしていたうえに、自分のなかのシナリオから逸れる状況に対応しきれず、女性は感情的になってしまった。引っ込みがつかなくなって相手を攻撃し、自分の正当性を保とうとして暴走してしまっている。

②歪んだ正義感タイプ：アドバイスと称したカスハラ

「君では話にならん、責任者を出しなさい！」

そう言われた新人から代わり、窓口担当責任者のCさんがクレーム電話を引き継ぐと、意外にも受話器の向こうの声は穏やかだった。

「君の気苦労は私にもわかる。私も長年、チームを率いる立場だった。自慢じゃないが、日本を代表する製品の数々に関わってきた。だから先日購入したおたくの製品の品質の低さには失望した。同価格でありながら、私がつくってきた製品と比べると……」

男性は、部下を叱るような口調で、他社製品との比較の話から製品の仕様、取り扱い説明書の改善に至るまでを話した。

「私は退職した身だが培った技術と知識で世に貢献したくて、いまは企業の相談にのっている。

業界全体がよいものをつくれるようになればいいと思ってね。だから、新モデルを提供するように先ほどの若造に伝えたんだが、若い人はこういうことがわからないらしい」

アドバイス料として購入した製品を最新型に無償交換してほしい、ということだった。突然の要求にCさんは驚愕した。

お客様窓口への通話が無料の場合、商品・サービスに直接関係のないクレームも増える傾向にある。そして、長時間にわたるクレームを入れるのは、高齢者など時間に余裕のある人が多い。自分の正当性を論理的に語って無理な要求を主張しつづけるのが、こうしたクレーム電話の特徴の一つだ。今回のカスハラ加害者のように、長年企業でハードワークをおこなってきた人のなかには、定年退職後にアイデンティティが揺らいでしまう人もいる。自己承認欲求の強さに加え、知的な振る舞いを見せる人は、自己主張に酔って独りよがりの理屈を押し通そうとする。プライドが高いと、相手に否定的な態度をとられた途端に、攻撃的な態度に転じることもある。対応を間違えれば火に油を注ぐことにもなる。

③ストレス発散タイプ：個人をターゲットにしたカスハラ

憧れの菓子店で働きはじめたパートのDさんは、一人の女性客に悩まされていた。

「Dちゃん出してくれる？」

バックヤードで仕事をしていると、聞き覚えのある声が聞こえた。この数カ月間、Dさんがシフトを入れている時間には必ず姿を現すお客さんだ。新人で不慣れなDさんによく怒鳴ったり、長々と説教をしたりする。怒ったあとはDさんを励ますので悪い人ではなさそうだが、すっかりDさんは萎縮してしまっていた。

「昨日Dちゃんから買ったクッキーが割れてたのよ」

店長が詫びても女性はしつこくDさんを出すように言う。

「店長さんに謝られてもねえ。Dが謝るから意味があるのよ。私だって毎日大変だからこそ、ここのお菓子が癒やしなのに。それでDはいないの？　なら連絡先をちょうだい。直接謝らせないと気が済まないわ」

Dさんがシフトを入れる曜日を変えると、女性も店に顔を出す曜日を変える。もうこの店では働けないかもしれない。Dさんは痛む胃を手で押さえてそう思うのだった。

常習性のあるカスハラ加害者は、ターゲットにした従業員に意図的な嫌がらせを繰り返す。攻撃的な態度に限らず、親しげにも接するので、一見するとカスハラとは判断しづらいこともある。このケースでは日々のストレスのはけ口にDさんを狙っていることが窺える。従業員を呼び捨てにする、「ちゃん」づけで呼ぶ、長時間にわたって説教をする。こうした行動には、上下の立場を印象づけようという心理が働いている。刑事事件の例でも見られたように、従業員を萎縮させて不安がる様子や謝罪する姿を見て鬱憤を晴らしたり、孤独感から執着したりする傾向がストレス発散タイプでは見られる。個人をターゲットにしたカスハラは、放置するとストーキングへと発展するリスクもある。

⑤執着の強いタイプ：精神状態からくるカスハラ

Eさんが勤めるアクセサリー店では、セミオーダーで指輪が注文できることから、カップルや女性の来店が多い。今回Eさんが担当したのはプロポーズ予定の男性客で、男性は幾度も店に来ては神経質なまでに商品の完成度にこだわっていた。

「完璧なプロポーズをしたいんです」

そう意気込む男性は、自分でも指輪についていろいろと勉強してきて、店側でもできるだけ男性の要望に応えられるように努めた。そうして最終的に仕上がった指輪を男性は一時間かけて入念にチェックし、最後には満足してくれた。

ところが数日後に、血相を変えた男性がお店に飛び込んできた。

「いかがされましたか？」

「なにもかも、この指輪のせいです！」

慌てたEさんに男性客は声を震わせながら、指輪の石が濁っていたせいでプロポーズが失敗したと答えた。

「見てください、ここ……。濁ってますよね……。あなたにとってはたくさんある商品の一つにすぎないでしょうけど、僕にとってはこの世にたった一つだけのものだからよくわかるんです！　どう責任とってくれるんだ!?」

激昂《げきこう》した男性はそう怒鳴ると、ショーケースの上に置かれた鏡を床に叩きつけ、ペンや卓上カレンダーなどをEさんに投げつけてきた。幸い他の従業員たちがショーケースを乗り越えようとする男性を取り押さえたが、Eさんはショックで夜も眠れなくなってしまった。

ストレス発散のために個人に執着する③のタイプに対して、こちらは商品に対する執着の強さからカスハラ行動をとるタイプだ。なかには、正常な判断ができない状態になっている人もいる。過度なストレスに晒《さら》された状態が続くと、幻聴や幻覚症状が現れることがある。精神疾患に至らずとも、疲労困憊《こんぱい》時や挫折経験の直後では、心理面に関連する身体の機能が低下して正確な判断をおこなえない状態にもなりうる。こういった状況では従業員が適切なクレーム対応をとっても対応は長引き、言動も過激化してしまうおそれがある。

この五つのタイプの対処法について、もっと詳しく知りたい人には、『グレークレームを〝ありがとう！〟に変える応対術』（日本経済新聞出版）がおすすめだ。タイプ別に、消費者窓口担当者がどのような対応をとればよいのか、二〇の事例を用いて漫画で紹介している。

コロナ禍で急増したカスハラ

コロナ対策に非協力的な〝お客様〟

多様化しているカスハラに、さらに大きな変化が起きている。

その原因こそ、世界中の人々に多大な影響を与えることとなった新型コロナウイルスのパンデミックだ。序章でも例を取り上げたが、コロナによって新しいカスハラの形が出現したとも言える。その典型例をいくつか紹介しよう［桐生　二〇二〇］。

・店舗で開催していたイベントがコロナ対策の一環で中止になった。それに伴い、イベント期間中に対象商品を買うと押せるスタンプカードのサービスも中止に。レジで問い合わせてきたお客様に説明したら「ふざけるな！　なに言い訳してるんだ、コロナ関係ねえだろう！」と怒鳴られた。

・食品売り場で研修中のパートにレジ打ちを教えていたら、お客様が近づいてきて「なにやってるんだよ！」と怒鳴られた。説明しても言いがかりを何度も繰り返し、「ここは暇なんだな、おまえ、ババアだろ！　ババアじゃないか！」と大声で喚いて近づいてくる。「コロナうつしてやろうか！」と至近距離に近づいてきたので、慌てて保安係に連絡をした。

・飲食店のため、お客様にはマスク着用のほか、体温チェックとアルコール消毒もお願いしている。そのすべてに非協力的なお客様が「そんなの無意味」「国が決めた法律じゃないから知らない」と言い出した。他のお客様と従業員の安全を考慮して入店をお断りしたところ、怒り出して「裁判でも勝てる！」と言い出した。結局、警察官を呼んで対応を任せるほかなかった。

・マスク着用をお願いしても、マスクをしてくれない。暴言を吐き、食べていたお菓子を撒き散らかす、台を叩くなどの行為を繰り返していた。

・マスクなしでクレームをつけるお客様。興奮して唾を飛ばしてまくしたてられ、飛沫《ひまつ》が気になった。

他の客や従業員を配慮する余裕がなく、自分の主張を押し通そうとする。そんな客に従業員が心も体も張って対応していたことがわかる。支離滅裂な言動や幼い子どものような態度に、呆れ果てて開いた口が塞がらない読者もいるだろう。コロナ禍によって、「自粛生活で溜まったストレスを発散させたい」「自分が不利益を被ることは許せない」と、なりふり構わないカスハラが横行しているようにも見える。

以上は、実際にあったカスハラ事案のなかから選んだものだ。他にもたくさんの呆れるような出来事が起きている。コロナ禍におけるカスハラには、大きく分けて三つの傾向が見られた。

①マスク警察

マスクをつけていない、あるいはマスクの着用が不徹底な客、従業員に対して、過剰な対応を迫るケースだ。具体例は以下のとおり。

・事業所内で従業員を呼び止め、「あの客は顎にマスクをかけている、鼻を出している」とクレーム。

・「マスクをしないバカな客は帰らせろ」「不要不急の買い物ではないバカな客は帰らせろ」「バカな若者は店に入れるな」という内容の電話を同じ客から三度受けた。

・「いますぐマスクしてない奴らを全員、声をかけて追い出せ」とクレーム。マスク着用の告知・案内はしても、あくまでもご協力をお願いしているという対応方針を説明しても納得せず、「追い出さないお前たちは人殺し！　犯罪者！」と罵倒。興奮した客が灰皿など周りのものを倒すなどし、クレーム行動が悪質に。一時間近く応対したので、警察への通報などを匂わす言葉も入れて応対し、何度も店の方針を繰り返したうえで「あなたの意見は参考にするが、納得しなくても現在は方針を変更することはない」「時間も長く経過していのでここで打ち切らせてもらう」と告げて応対を終わらせた。

店側の意向を考慮することなく「絶対に自分が正しい」と考え、店側を納得させようとする。「コロナ禍における感染予防」という正当性を利用して、自己の主張に固執するカスハラは拍車がかかったように見える。コロナ感染対策への不満をクレームにしながらも、従業員に対して大声で喚いたり暴れたりする、長時間店に居座るといった矛盾する言動をとる悪質クレーマーは、やはり正当性にかこつけた加害者だ。

②コロナへの恐怖心

コロナへの感染を恐れるあまり、店側に不条理な要求を繰り返すケース。

・ドラッグストアに来店したお客様。「私はわざわざ遠くから来たのに、この店にはマスクの在庫がないのか？　あなた方は自分の分のマスクを確保しているのだろう。隠しているのなら早く出しなさい！　さっき、在庫はあると他の人から聞いたぞ！」

・「陽性者が出た店に行ってしまった。どうしてくれるんだ？　責任者を出せ！」と言われた担当者からクレームを引き継いだが、「どうしてくれるんだ!?　家族の命がかかってるんだぞ！」と何度も怒鳴られ、威圧を繰り返し受けた。

・病院の受付勤務中、外線電話に出た途端「そこにコロナが入院しているだろう？」と質問された。「個人情報はお答えできません」と回答すると「入院しとるかどうか聞いとるだけだ。個人情報じゃないだろう！」と激昂。「院内の情報も教えられません」と回答すると「そんなことも言えんのか。安心してそちらに行けん。病院なのにわしらの安全はどうなるんだ！」と一方的に罵倒。謝りつづけると「もうええわ！」と電話を切られた。

コロナ禍の初期にはマスクが品切れになる状態が続いた。パニックから攻撃的な態度をとったり、「店側は在庫があるのに隠している」という思い込みで一方的に非難したりするカスハラが多発した。目に見えない不安や感染に対する恐怖から、風評被害を受けた病院や店舗もある。こうしたカスハラには病院・店側も対応が難しく、自身もコロナ感染のリスクを負いながら現場で対応しなければならないため、負担は大きかった。

③コミュニケーションのトラブル

マスク着用、アクリル板設置といった接客スタイルの変化に伴い、コミュニケーションのトラブルになったケース。

・マスクを着用してアクリル板越しの接客になるため、お互いに声が聞き取りづらい状態だった。何度か同じやりとりをしていると、突然大きな声で暴言を吐かれた。
・笑顔で対応していたがマスクで見えなかったからか、「生意気な女だからレジから出てこい」とお客様に言われた。言われたとおりにすると、今度はおでこにデコピンをしようとしたので「よけるなら名前を教えろ！」などと怒鳴られた。
・マスクの在庫がないことをお客様に説明していたら「お前がつけてるマスクをよこせ」と言われた。気持ち悪く怖いなと感じた。

二〇二〇年に日本最大の労働組合であるＵＡゼンセン（全国繊維化学食品流通サービス一般労働組合同盟）が約二万七〇〇〇人の労働者を対象におこなった調査によれば、回答者の半数以上がコロナ禍の期間を含む二〇一九～二〇二〇年の二年間でカスハラが「あった」と答えている。コロナに関連するものは回答者全体の二割が経験していた。カスハラ被害に遭った五人に一人はコロナ関連のカスハラを受けた計算になる。

コロナ関連のカスハラは、業種ごとにも差が出ている。先ほどの実例でも度々出ていたように、ドラッグストア関連の業種では約六七％がカスハラが「あった」と回答している。次いで、

「あった」の割合が多い業種は、スーパーマーケットで四三%、総合スーパー四一%、ホテル・レジャーで三五・八%となっている。いずれも、コロナ禍でも営業を続けていた業種だ。

増加する高齢者の暴行犯罪

本章のカスハラ事例を読んで、高齢者の姿が印象に残っている方もいるだろう。

近年では「老害」という言葉も聞かれるようになったが、犯罪心理学から見てもカスハラと高齢者には関連が見られる。というのも、カスハラが社会問題化した時期と、高齢者による犯罪が増加した時期が重なるからだ。

「高齢者の人口が増えているのだから、必然的に高齢者の犯罪も増えるだろう」と思う方もいるかもしれない。しかし、「高齢犯罪者の特性と犯罪要因に関する調査」では、興味深い調査結果が報告されている。それによれば「高齢者の人口増加以上に、高齢者の犯罪が増加しており、その増加率は他のどの年齢層よりも高くなっている」というのだ［警察政策研究センターほか二〇一三］。

この調査では、六五歳以上の高齢者の犯罪者率を調べた結果、平成元年（一九八九年）から平成一八年（二〇〇六年）で三・八倍の増加が見られた。つまり、高齢者人口のうち犯罪で検挙された高齢者の割合が約四倍も上がったということになる。他の年齢層でも上昇は見られるが、高齢者の犯罪者率の増加がもっとも著しいという結果になっている。

　この傾向は他の調査でも指摘されている。二〇〇七年から二〇一七年の一〇年間に暴行で捕まった高齢者数は、なんと一七倍も増加している。傷害も四倍に増えたという［中尾　二〇一四］。つまり、ただ高齢者の犯罪が増えただけではなく、暴力事件も急激に増えているのだ。他の年齢層に比べて、高齢者は「激情・憤怒」や「飲酒の影響」を原因に暴行する割合が高いことも指摘されている。

なぜ高齢者の犯罪が増えたのか

「年をとると人は凶暴化するの？」と不安に感じた方は安心してほしい。

　高齢者の犯罪が増えた理由については、いくつかの仮説がある。認知症から判断力が衰えるからという説や、一九四〇年から一九四六年に生まれた人たちは幼少期の社会状況において犯罪が多かったからという説もある。後者はデータを用いて実証的に検証もされている。第二次世界大戦中から終戦直後という波乱の時代に生まれ育った人たちは、他の年代に生まれた人たちと比べ、常に犯罪数が高いという特徴があるのだ［中尾　二〇一四］。

　もちろん、高齢者の犯罪が増えた理由は一つに限らず、さまざまな原因が重なり合った結果だろう。そのうちの一つとして、高齢者の社会的な孤立も考えられる。高齢者と犯罪の関連を調べる調査が増えたのには、ある事件の影響もある。それが、二〇〇六年に起きたJR下関駅放火事件だ。

これは、当時七四歳だった男性が「刑務所に戻りたかった」という理由で下関駅に火をつけ、五億円以上の被害を出した事件だ。放火と被害の規模を見ると凶悪さが際立つが、この事件によって浮き彫りになったのは、罪を重ねる「累犯《るいはん》」と呼ばれる人たちと、社会に居場所がない障害者・高齢者が結びついた社会問題の深刻さだ。軽度知的障害を持ち、前科から人生の大半を刑務所で過ごしていたこの犯人は、福祉サービスとつながることもなく、出所後に支援を受けることもなかった。この事件をきっかけに、犯罪を法で裁くだけでは不十分であることが社会的に周知されることとなった［古川　二〇一六］。

カスハラの中心は対人関係

さて、ここまでコロナ禍以前・以後のカスハラの内容を列挙してきた。驚いた人もいれば、似たような経験がある人もいるかもしれない。

これらの傾向を分析していくと、カスハラが起こるメカニズムが見えてくる。

まず、加害者側の「攻撃性などの感情」「悪意性・犯罪性」「精神疾患傾向」といった心的要因がある。だが、クレームのきっかけがなければカスハラは起こらない。「商品やシステムの

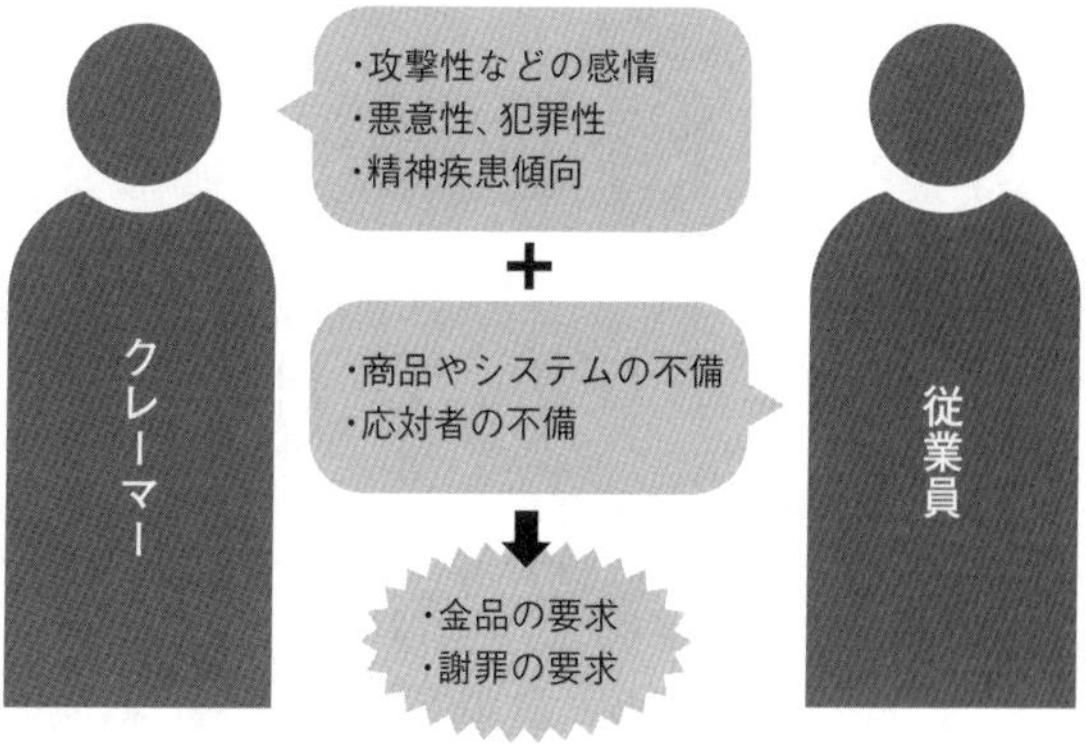

図1　カスハラは対人関係から生まれる

不備」や「応対者の不備」といったきっかけがクレームを発生させるトリガーとなる。この二つが揃い、三つ目の「金品の要求」あるいは「謝罪の要求」という目的要因と結びつくことで、カスハラという悪質なクレームが生じる。カスハラが生まれるこの一連の流れは、悪質クレーマーと応対者である従業員の間で起きているものだ。つまり、カスハラは、消費という場で生じるネガティブな対人関係の産物なのだ（図1）。

なぜ、消費者は応対者や店に対してカスハラをしてしまうのだろうか。なぜ、その被害はとても深刻なものになってしまうのだろうか。それを理解するためにも、カスハラをめぐる加害者と被害者との間に生じる心のメカニズムを読み解くことが不可欠だ。

また、両者の関係性に焦点を当てることは、効果的な対策や予防、施策を講じるうえでも重要だ。消費者と応対者の心理状態や関係性を明らかにして理解することは、カスハラの被害者を助け、加害を防ぎ、よりよい消費者社会を築くことにつながるだろう。

そこで、次章ではカスハラをめぐる加害者や被害者の心理メカニズムについて分析していく。すでに述べたように、対人関係の質は文化的な背景から色濃く影響を受ける。カスハラをめぐる社会的・心理的背景については第三章以降で考察を深めたい。

コラム① 凶悪犯罪とカスハラ

「刑法犯認知数」は減少している日本

二〇〇二年以降、日本の刑法犯認知件数は減少しつづけている。「刑法犯認知件数」とは、刑法に違反する行為として警察が認めた数のことだ。戦後最少を更新しつづけている認知件数を見ていると、日本がどんどん安心・安全な社会になっていっているようにも思える。

だが、連日のように続く児童虐待のニュースに心を痛める読者も少なくないはずだ。また、性犯罪やSNSを悪用した児童ポルノ・買春、家庭内暴力などは、検挙されていない数が多い。このような数字には出てこない暗数の多い犯罪そのものは、減ったとは言いにくい。そして、警察庁の統計を見ても、性犯罪の検挙率は上がりつづけている。

また、凶悪な事件に関する変化も見逃せない。刑法犯の認知件数が減り、被害が以前よりも少なくなれば、そのぶん一つの事件が社会に与えるインパクトは大きくなる。従来の犯罪が減っている一方で、特殊詐欺をはじめとした以前と異なる犯罪が登場するなど、数字だけでは捉えきれない変化が起きているのがいまの犯罪の状況だ。

大量殺人事件の多発化

そんな現在と比べて、「失われた一〇年」と呼ばれた一九九〇年代は、刑法犯認知件数も増え、凶悪事件が相次いで発生していた。オウム真理教事件をはじめとする組織ぐるみの犯罪をはじめ、池袋通り魔殺人事件や桶川ストーカー殺人事件、神戸連続児童殺傷事件など、社会的インパクトの強い事件の数々が起きた。

とはいえ、組織的犯罪が横行している国々や銃が規制されていない他国と比べると、日本は殺人事件の件数も被害者数も圧倒的に少ない。二〇〇〇年以降で見れば、日本における殺人などの凶悪犯罪は減少している。しかし、近年に入って「大量殺人事件」が多発している傾向が見られるようになった。通り魔殺人事件が以前よりも頻繁に起こるようになったのだ。注意が必要なのは連続殺人事件と大量殺人事件の混同だ。一人の犯人がたくさんの被害者を殺害するという点で同じ「異常者」のようにも見えるが、定義も動機も違う。

連続殺人では、時間をあけて一人ずつ殺害していく。犯人は目的を持ち、捕まらないように計画的に実行するため、発覚するまでに時間もかかる。それに対して、大量殺人は、同じ場所・時間帯で複数の人を殺害する。犯人は怒りや復讐心などの犯行動機があることが多く、一気に感情が爆発して犯行に至る傾向がある。衝動的におこなわれるため、捕まることに抵抗感もない。

また、アメリカなどでは、大量殺人の加害者は犯行後に自殺する者が四割近くもいて、特殊な「自殺（拡大自殺）」の意味合いもあると指摘されている。日本でも拡大自殺といえる事件は起きている。二〇一九年に起きた「川崎市登戸通り魔事件」では、一八人の負傷者と二人の死者を出したあとに犯人が自殺している。

大量殺人事件の変質

横溝正史の『八つ墓村』のモデルにもなった岡山県の大量殺人事件「津山三〇人殺し」（一九三八年）のように、大量殺人事件は昔も起きていた。閉ざされたムラ社会で恨みつらみを募らせ、その共同体のなかで起きるというスタイルで、日本の犯罪史のなかでもとくに大きな事件として記録されている。

ところが、二〇〇〇年前後を境に変化が起きている。その流れを変えたともいえるのが二〇〇一年に起きた「大阪教育大学附属池田小事件（附属池田小事件）」だ。学歴コンプレックスを持つ犯人が刃物を持って小学校へ侵入し、児童八人を殺害した事件である。この事件以降、大量殺人事件は、個人的な怨恨ではなく「殺すのは誰でもいい」という無差別殺人型のスタイルになっていく。

また、二〇一六年に起きた「相模原障害者施設殺傷事件」で一九人を殺害した犯人は、自分の考える正義を主張しつづけた。犯人は「全人類が心の隅に隠した想いを声に出し、実行する決意を持って行動しました」などと記したレポート用紙三枚分の手紙を当時の衆議院議長に事前に手渡そうとしていた。「自らが感じた社会の不条理な部分を変える」といった、歪んだ正義感が発端となったことがわかる。

近年は大量殺人や凶悪事件の発生が相次いで、新幹線や電車内など公衆の場での事件も増えてきた。加えて、個人的理由で多くの人を巻き込むという思考になってきている。

孤独なニホンオオカミ

長年、犯罪者プロファイリングなどに携わってきた私の目から見て、二〇〇〇年代に入ってから日本の殺人事件は変質したと感じる。とくに顕著なのは、以下の八つの事件だ。

①附属池田小事件（二〇〇一年、無差別型、八名死亡）
②秋葉原通り魔事件（二〇〇八年、無差別型、七名死亡）
③熊谷連続殺人事件（二〇一五年、無差別型、六名死亡）
④相模原障害者施設殺傷事件（二〇一六年、無差別型、一九名死亡）
⑤川崎市登戸通り魔事件（二〇一九年、無差別型、二名死亡）

⑥京都アニメーション放火殺人事件（二〇一九年、無差別型、三六名死亡）
⑦大阪北新地ビル放火殺人事件（二〇二一年、二七名死亡　※被疑者含む）
⑧安倍晋三銃撃事件（二〇二二年、一名死亡）

いずれにも共通しているのが「孤独なニホンオオカミ（Japanese lone wolf）」型の事件だという点だ。字面だけを見るとかっこよく見えてしまうかもしれないが、「ローンウルフ（一匹オオカミ）」とは、もともと欧米でテロ事件に関して使われていた言葉で、「単独犯」を意味する。従来のテロ行為は、過激派のコミュニティに属している人たちによって起きていたのに対し、こうしたグループに属さずに単独でテロ攻撃を実行する犯行・事件が「ローンウルフ型」と呼ばれている（ローンオフェンダーとも言う）。

日本の通り魔事件は、そうした単独テロ犯と類似していて、「孤独なニホンオオカミ」型ともいえる。個人的で自己中心的な動機が目立ち、政治思想に基づく組織的テロに比べて、政治的・思想的な犯行動機は薄い。たとえば、相模原障害者施設殺傷事件では、犯人は「自らが感じた社会の不条理な部分を変える」という独善的な考えを主張していた。安倍晋三銃撃事件は、犯行動機がわからない時点では政治犯の疑いもあったが、実際には政治的・思想的な主張はなく、自分の家族や人生を台無しにされたという私怨が動機と考えられる。

こうした事件の加害者の生い立ちや事件前の生活を見てみると、多くの場合、現実社会で親族や友人・知人との接触が少ないという特徴がある。不幸な生い立ちがあったり、学歴や職歴で挫折経験があったりする。また、心理的な閉塞感や未来に対する失望感を抱いている。人間関係が希薄な生活を送るなかで視野は狭まり、考えは固執的になる。そうして偏った問題意識に基づいて、犯行動機がつくられていったのかもしれない。

カスハラ・テロリスト

個人的な人間関係のなかで起きていた大量殺人事件が、二〇〇〇年代に入ってから単独テロの様相を呈してきた。では、その原因にはなにが考えられるだろうか。

社会的な背景としては、次の三つが考えられる。

第一に、インターネットによって誰もが大量の情報を得られるようになったこと。ルーティン・アクティビティ理論でも説明したように、犯罪はなにもないところでは生じない。「加害者」＋「被害者」＋「監視者の不在」という三つの要素が揃い、犯罪をおこなえる時間・場所の条件が満たされて起こるものだ。顔見知りではない被害者のことも含め、犯人は犯行を実行するまでに必要な情報を、インターネット上で調べて、容易に知ることができるようになった。

第二に、近年の大量殺人などにはモデルが存在しているという点だ。たとえば、大阪北新地ビル放火殺人事件の犯人は、事件前に綿密に実行計画を立てていたことが捜査で明らかになっている。犯人宅からは、二〇一九年に起きた京アニ放火殺人事件やそれを模倣した放火殺人未遂事件の新聞記事の切り抜きなどが見つかっている［桐生 二〇二二］。

最後に、競争や格差といった日本社会の現状が考えられる。犯人の多くは、経済的に不遇で社会的な地位も低い。そんな現実に対して「自分は賢いのに、○○のせいでこんな目に遭っている」と不当に感じる。近年の大量殺人事件の犯行動機の裏には、こうした現実と自己評価とのズレが共通して見える。

さて、勘のいい方は気づいたかもしれない。

孤独感を抱え、「社会的立場と自己像との乖離《かいり》」から社会に対して不満を抱え、けれど政治思想もなく、他者を巻き込んで自爆する単独テロリスト。被害意識が強く、責任転嫁しがちで、歪んだ自己主張に酔っている節がある。承認欲求の強い言動を見せ、虚勢を張り、一点に固執し、突然に怒って攻撃してくる……。

そう、カスハラ加害者たちの持つ傾向と酷似してはいないだろうか。彼ら・彼女らもまた「孤独なニホンオオカミ」の特徴を備えているのだ。言うなれば、カスハラの加害者、悪質クレーマーは、小さなテロリストたち。カスハラは、店と従業員に対する小さなテロなのだ。

第二章　カスハラの心理構造

これまでのカスハラの心理分析

プライドが高い人ほどカスハラをおこなう？

第一章では、キレる〝お客様〟たちの姿を概観してきた。この章では心理学というメスを使って、カスハラをおこなう心理を解剖してみることにする。

その前に、これまでに心理学ではどのようなカスハラ研究がなされてきたかを確認しておこう。日本では、悪質なクレームについて心理学の観点から扱った研究はまだ少ない。日本のカスハラ対策もまだはじまったばかりで、既存の調査も実態調査が多い。たとえば、第一章で触れたＡＣＡＰの調査も、カスハラ被害の経験の有無やその内容、被害のあとの変化について回答者に答えてもらう社会調査的なものとなっている。カスハラを受けた接客担当者を対象にした、カスハラ被害の実態についての心理学的な分析を行う調査は希少なのだ。

ここで言う「心理学的な分析」とは、簡単に言えば「心理尺度」と呼ばれる物差しを使って分析したものだ。カスハラ加害者あるいは被害者の心理・行動の傾向を調べる研究は、二〇〇〇年代にはまだなかった。そうした研究がおこなわれるようになったのは、二〇一〇年ごろからだ。一般的なクレーム行動を分析したものではあるが、社会心理学者の池内裕美氏が、クレームする側の心理を研究した論文を出している。池内氏は、消費者のクレーム行動の発生メカニズムを考えるうえで、「欲求不満」と「攻撃」に関係があるという仮説を立てて調査をおこなった［池内　二〇一〇］。

この実験では、クレームを入れた経験があるグループと、経験がないグループに分けて同じ条件の実験をおこない、結果の違いを比較する。その結果、クレームを入れた経験があるグループは、ないグループと比べ、商品の不具合や接客対応の悪さなどの状況で苦情が生じやすく、物品や謝罪、金銭などの請求を正当化しやすいことがわかった。

また、「性格」と苦情への「態度」との間に関係があることも明らかになっている。自尊感情が高い人ほど、自身の苦情に対して肯定的な態度を持つ傾向があるという結果が出たからだ。自分の情動を自分で調整できると思っている人も、同じく苦情に肯定的な態度を持つ傾向があるという結果になった。

自尊心が強い、あるいは自制心があると自負している人ほど、自身が入れる苦情に肯定的。なかなか納得度の高い結果ではないだろうか。

クレーマーはコミュ力が高い？

他にもおもしろい研究がある。二〇一四年におこなわれた研究では、クレームを伝える能力には、筋の通った論理的な思考力やコミュニケーションスキルが関与していることが示されている〔田中ほか 二〇一四〕。

第一章後半で挙げたカスハラの例では、支離滅裂な暴言の印象が強く、いわゆる「コミュ力」が高いようには見えない。しかし、第一章前半で取り上げたカスハラの刑事事件を思い出してみると、どうだろう。犯人たちは、金や物品といった自分たちの欲しいものを手に入れるために、自分のクレームや言動を正当化して相手を納得させようとしてきた。

クレーマーは、問題解決やなんらかの要求があって苦情を言うものである。これは、一種の交渉とも言えるだろう。相手に自分の主張を理解してもらわなければ要求は通らないのだから、戦略的な面も必要になる。相手がどう言われたらどんな反応を示すのか。どんな表情や声音を使えば相手は怯《ひる》むのか。よく知らない他人の挙動をよく観察しながら、無意識ながらも本番中に自分の演技やセリフを調整している。そうやってカスハラを遂行しているのだとすれば、残念な使い道ではあるが、なかなかのコミュニケーションスキルの高さだ。

窃盗犯をはじめ、常習犯の多くは自分の任務に必要なスキルを磨いて成功率を高めている。カスハラ加害者も同じように、独自のスキルを持っていてもなんら不思議ではない。

日本でカスハラ研究が進んでこなかった背景

クレーマーに対する学術的研究自体は、二〇一〇年よりも前からマーケティング分野などでおこなわれてきた。たとえば、二〇〇三年のモンコンノラキット・モンコン氏の研究では、自動車購入後の不満足に関する調査を通して、タイ人と日本人のクレームが比較されている。この研究では、タイの消費者は自身に対する感情と態度を理由にクレーム行動に移るのに対し、日本の消費者はマネタリー・ベネフィット（金銭的利益）を要因にしていることが明らかにされている。ムカッとしてクレームするよりも、補償などの利得を理由にクレームする傾向が日本人にはあるようだ［モンコンノラキット 二〇〇三］。

こうした研究は、悪質なクレームではなく、企業側にとって経営戦略や販売活動に必要となるクレーム分析の内容を示すものとなっている。二〇一〇年以前は、序章で述べたように悪質なクレームに関する書籍の多くはマニュアル的な内容が多かった。そのころから悪質なクレームそのものは存在していたが、社会問題化するには至っていなかったのだ。

この背景には、客のことを直接的には悪く言いたがらない企業風土もある。企業側は客を「クレーマー」と呼ぶのは避けたい。そんな話を私もよく耳にする。クレーマー扱いすると客をよそにとられてしまうから、企業側に非がなくても謝った方がいい……。そんな調子で根本的な対策を怠ってきてしまった。長引くデフレ不況と煮詰まる市場のなかで、価格以外に手っ取り早く差別化を図る方法はなにか？ それが「おもてなし」だったのだ。企業にとって悪質なクレームは、分析・対策するものではなく、甘受するものだったとも言える。

二〇〇〇年前後からあった「悪質なクレーム」や「モンスタークレーマー」といった表現が、近年には「カスハラ」という表現に変わってきているのは、こうした見てみぬふりをしてきた企業風土にNOを突きつける現象なのかもしれない。「クレーマー」のままでは大事なお客様のままで、「おもてなし」対応だけが求められてしまう。「カスハラ」という表現なら、加害と被害の関係が明瞭になり、企業や従業員側も問題化しやすくなる。

現場の深刻さを受け、ようやくカスハラ研究は進んできているところなのだ。

カスハラ分類の試み

大学生のカスハラ経験

こうしたカスハラ分析の状況を知り、私は「研究費を得て本格的な調査をする必要がある」と決心するに至った。

犯罪心理学では、犯人像を割り出す「プロファイリング」のように、膨大なデータを統計的、心理的に分析する手法がよくとられる。犯罪心理学によって、被害の実態だけではなく、実証的にカスハラ加害者像を割り出すこともできるはずだ。

とはいえ、闇雲に手当たり次第に調査をすることはできない。本腰を入れて研究をおこなうには、仮説が必要だ。そのため、犯罪心理学の研究では探索的な検討が必要となる。そこでカスハラ研究をはじめるにあたって、予備調査をすることにした。授業を受けている大学生に、アルバイト先で自ら体験した、あるいは見聞きした客からのカスハラ被害経験の小レポートを書いてもらうことにした。

その結果、集まった回答は全部で八九名分。まず、この被害経験になんらかの傾向があるのかを探ってみる。それがわかったら、次に同じように加害経験についても調べてみる。最終的には、この二つの分析結果をふまえて、カスハラ加害者の特徴がどのようなものか検討する。

大学生のカスハラ、三つの傾向

小レポートを分析したところ、三つの傾向が見えてきた。

まず、クレームのきっかけが店のなんらかの過失（業務形態、環境や状態、システムなど）、あるいは従業員の手違いや説明不足であること。第二に、若い／店内の立場が低い／女性である店員と、客との上下関係がカスハラを引き起こす原因になっていること。そして第三に、カスハラ被害を受けた店員は、カスハラ客を悪意のある者／攻撃性が高い者／なんらかの劣等感を持つ者／社会的立場の優位性を保ちたい者、といった印象で捉えていたこと。

これを「対応分析」と呼ばれる手法で解析したところ、カスハラ加害者のタイプも、先述の傾向に近い三タイプ、「店に過失有りタイプ」「女性—不満発散タイプ」「男性—被害意識タイプ」に分けることができた。大学生のカスハラ被害においては、店や自身の過失をきっかけにクレームが起こり、立場が弱いのを見て悪質クレーマーがカスハラ行動に出ていることがわかった。

次に、大学生のカスハラ加害行動について調査をおこなったところ、回答のうち、悪意があるカスハラ行為と判断されたのは四〇名だった。

クレームのきっかけは、主に「従業員などの接客態度に問題があったため」が一三名、「店舗のシステムや環境に不備があったため」が一三名、「商品に欠陥やミスがあったため」が一〇名となっている。

クレームの伝え方は、主に「従業員などに直接口頭で伝えた」が二六名、「インターネットを介して伝えた」が九名、「電話にて口頭で伝えた」が三名となっていて、多くの場合は直接、言葉で伝えたことがわかる。

カスハラをおこなった際の態度の攻撃性のレベルを尋ねた質問に対しては、「執拗で攻撃性の高い態度」が三名、「攻撃的な態度」が一五名、「攻撃性は低い態度」が二二名だった。

同じく「対応分析」という手法を使って解析してみると、大学生のカスハラ加害は三つのタイプに大まかに分けることができた。

①店舗のシステムや環境などに不備があり、直接口頭で伝える、攻撃性が低いタイプ
②従業員などの接客態度に問題があり、インターネットや電話を介して伝える、攻撃的なタイプ
③その他のタイプ

大学生がカスハラ加害者の場合、不備を理由にクレームする際は対面で伝え、接客態度に問題があった場合は非対面で伝えている。対面よりも非対面の方が攻撃的になってしまうことには、違和感はないだろう。

大学生のカスハラ被害および加害の経験の調査をした結果をふまえると、カスハラ加害者の特徴を知るうえで重要な点が三つ、浮かび上がってきた。

第一に、男性と女性では背景となる心理的要因に違いがあること。第二に、心理的要因を知るうえで攻撃性が重要であること。そして第三に、カスハラ加害のきっかけと伝達形態との間に関連性があること。

つまり、「性別の違い」「攻撃性の有無」「(クレームの)きっかけと伝達形態との関連性」は、カスハラ加害の心理を知るカギになるということだ。

要求の傾向

その後、無事に科研費（科学研究費補助金）を獲得して、今度は大規模なWEB調査をおこなうことにした。調査対象は、日本全国の百貨店、スーパー、コンビニエンスストア、衣服・履物小売店、食品・飲料小売店、飲食店（酒類の提供なし）などの接客担当者二七三名だ。

結果、次のようなカスハラ事例が集まった［桐生、入山 二〇一八］。

・男性（七〇代）からのクレーム：お客の手がふさがっていたので、レシートを手渡しではなく、ひと言断ってからエコバッグに入れたのが気に入らなかった。当方ではなく他の店員と勘違いして、その店員にクレームをつけ、途中で違うとわかったが謝意はまったくなかった。

・女性（六〇代）からのクレーム：自分の購入履歴について確認したいと問い合わせがあり、丁寧に調べわかったことについては答え、わからないことについてはわからないことを伝えた。しかし、上客である自分を軽んじているのかと言い、六年間にわたって電話をかけ、また直接関係していない担当の事務所に押しかけてきたりした。頭がよく行動的で、よく調査してから電話をかけてくる。

集まったデータを解析してみると、大学生を対象とした先行研究と同じく、「商品の欠陥や販売システムの不備」と「金品要求」との関連、「接客対応のミス」と「謝罪要求」との関連が見られた。とはいえ、関連が強いように見えても、そこに相関関係、つまり互いに関係し合っていると断定することはまだできない。

そこで、クレームの原因と要求の関連性を調べるため、「クロス集計」と呼ばれる手法で調べたところ、相関関係があることがわかった。つまり、カスハラ加害者は、接客担当者の対応ミスに対しては謝罪を求め、商品の欠陥に対しては金品を要求することが、統計的に確からしいとわかってきた。

UAゼンセンのデータ分析

カスハラの男女差

カスハラに関する研究を進めるうち、UAゼンセンから、カスハラのデータ分析の依頼がきた。次のデータは、五万人を超える所属組合員を対象に二〇一七年六月一日から七月一四日の間に実施された、カスハラ実態調査だ［桐生　二〇二〇］。

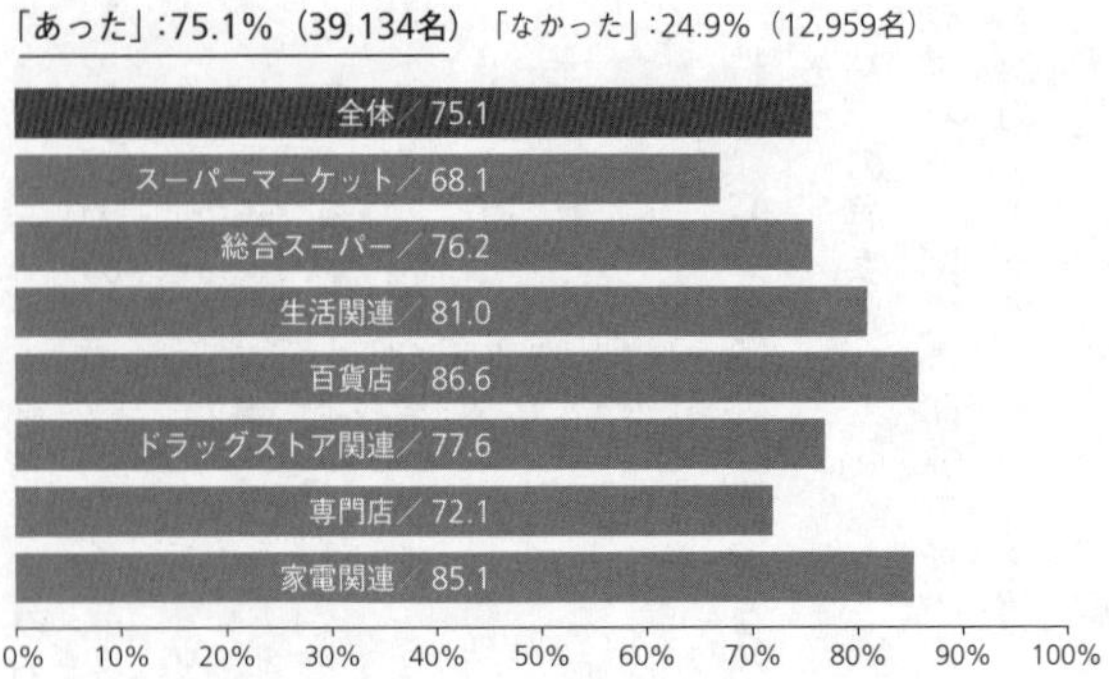

図2　カスハラ被害経験の有無

アンケート調査では、「あなたは、業務中に次のような来店客からの迷惑行為に遭遇したことがありますか？」や「迷惑行為を経験された方は、迷惑行為から受けたご自身への影響を教えてください」「あなたが実際に体験した迷惑行為の内容を教えてください」といった、カスハラ被害の経験についての質問がされている。

結果、カスハラ被害の経験があったと回答している人は全体の七割を超えていた（図2）。業種別で比較してみると、総合スーパーで七六%、スーパーマーケットで六八%、ドラッグストア関連では七七%、家電関連が八五%、生活関連が八一%、専門店七二%、百貨店八六%の人々が、カスハラ被害の経験があった。とくに、家電関連や百貨店では九割に達する勢いでカスハラが横行しているのがわかる。また、業種によっ

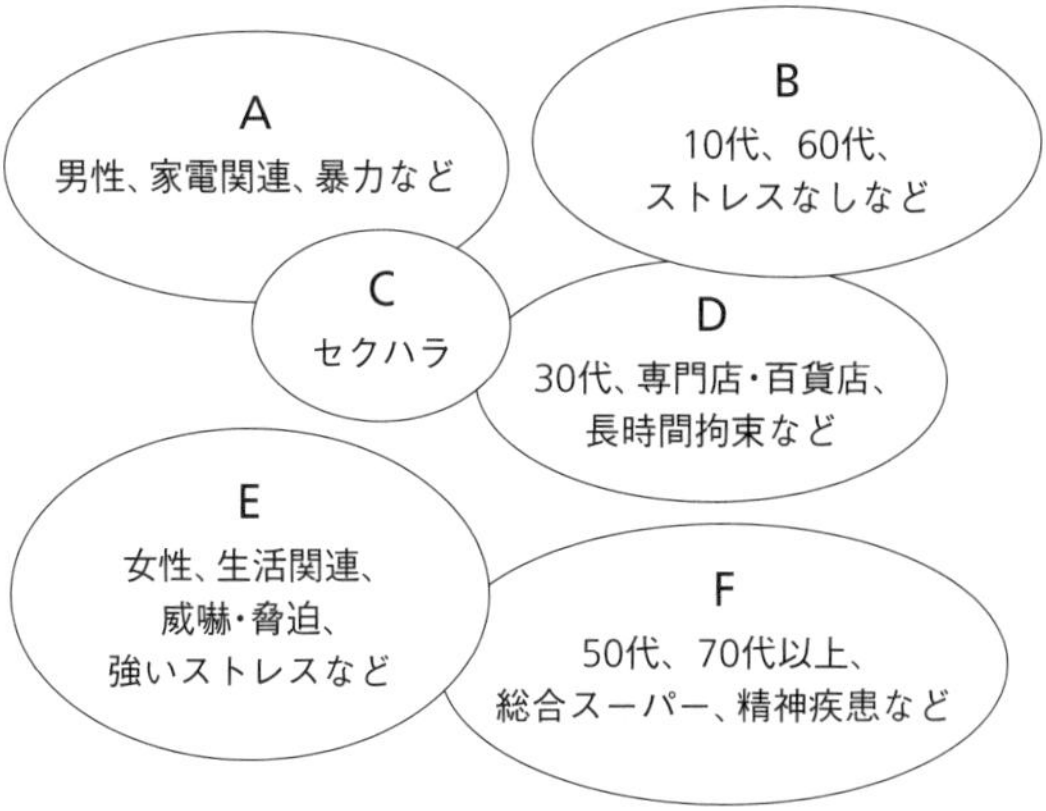

図3　カスハラの6グループ

ても差があることがわかる。

多重対応分析という手法でデータを解析すると、傾向からカスハラ被害のタイプを図3の六つのグループに分けることができた。

大学生を対象とした予備調査でも性別で違いが見られたように、クレームの対応をした従業員が男性か女性かによって、カスハラの内容の傾向も異なってくることがわかった。

たとえば、男性従業員へのカスハラが特徴のAグループでは、「暴力」や「土下座強要」といった悪質性が高くなっている。業種の面でも特徴がある。家電関連の店頭で接客をしている男性従業員への粗暴なクレームが多いグループなのだ。

それに対してCグループの特徴は、女性従業員へのセクハラだ。こちらは、業種による違いはない。言い換えれば、あらゆる業種において女性が性犯罪の被害を受けるリスクを抱えていることになる。

カスハラ被害を経験している人たちは、どのグループでもストレスに晒されている。だが、とくにFグループにあたる人たち、総合スーパーで働く中高年の従業員は精神疾患になったことがあると回答している人が多く、他のグループと比べてさらにストレスを強く感じていることがわかる。

カスハラの傾向

「あなたが実際に体験した迷惑行為の内容を教えてください」という質問に対して自由記述で回答してもらったデータを、業種別に「テキスト分析」と呼ばれる手法を使って分析してみた。その結果を描写した「ワードクラウド」と呼ばれるものが**図4〜8**だ。ワードクラウドとは、文章のなかで出現頻度が高い単語を複数選び出し、その頻度に応じた大きさで表示する手法のことだ。読者の方もニュースなどで見たことがあるかもしれない。中心にいくほど出現頻度が高く、字も大きくなっていく。共通して経験したカスハラ被害に関連するキーワードが目に入ってくるようになっている。
図4がAグループのものだ。家電関連で働く男性従業員が受けた粗暴なカスハラについて「要求」「交換」「購入」「修理」「暴言」「長時間」という単語が何度も登場するのがわかる。購

図4　Aグループ

図5　Dグループ（専門店）

図6　Dグループ（百貨店）

図7　Eグループ（ドラッグストア関連）

図8　Fグループ（総合スーパー）

入した家電製品の修理や交換を要求するクレームで、長時間にわたって暴言を吐かれたことがうかがえる。

図5、図6はDグループのものだ。Dグループの特徴は、業種の面では専門店や百貨店が含まれており、従業員の年齢層は三〇代で、カスハラの傾向としては長時間拘束が目立つ。同じようにワードクラウドを見てみよう。専門店では「要求」「来店」「スタッフ」「交換」「暴言」「購入」という単語が多い。百貨店では「返品」「要求」「暴言」「長時間」「売り場」「販売員」といった単語が目立つ。返品や交換を求める悪質クレーマーが販売員を長時間拘束し、暴言を吐いていることがわかる。

一方、生活関連やドラッグストア関連の業種が含まれるEグループでは、暴言や返品交換の要求のほかに、とくにドラッグストア関連で「何度も」「来店」「謝罪」という言葉が目立つようになる（図7）。このグループでは女性の従業員も多く、ワードクラウドの中心にある「男性」という字からも、男性客からのカスハラに何度も謝罪する女性の従業員の姿が目に浮かぶようだ。

さらに他グループよりもストレスの度合いが高いFグループになると、総合スーパーでは「暴言」「上司」「従業員」「何度も」「長時間」という単語が続く（図8）。理不尽さが視覚化されたようなイメージだ。

業種や性別でカスハラには違いがある

この分析結果を見てみると、業種や接客応対者の性別、年齢などによって、カスハラ被害の内容もストレス度合いも変わってくることがわかる。

一方で、ワードクラウドで一貫して登場する単語があったように、典型的なカスハラの手法も見えてくる。つまり、典型的なカスハラは「客が販売員や従業員に対し、なんらかの要求を大声・暴言などで長い時間を費やし何度もおこなう」ものだ。客が要求するものとは、具体的には「交換、修理、返品、過剰な接客、過剰な謝罪など」であることもわかった。

こうした加害を受けた従業員は、強いストレスを感じる。実際に、「精神疾患になった」と回答している人は全体で三七五名に上った。組織的な対応を急ぐ必要がある。

カスハラ加害者の心理

四タイプの攻撃性

いよいよカスハラ加害者の心理にメスを入れてみよう。

大学生のカスハラ経験の調査では、「性別の違い」「攻撃性の有無」「(クレームの)きっかけと伝達形態との関連性」がカスハラ加害者の心理を知るカギであることがわかった。「攻撃的な態度」とひと口に言っても、どんなタイミングで攻撃的になるかは人の性格によっても違う。いつも威圧的な人もいれば、一見そうは見えなくても批判されると激昂する人もいる。ここでは、人の「攻撃性」に関する犯罪心理学の話をしよう。

攻撃的な行為をする理由（動機）と人格による理由（パーソナリティ要因）について、受刑者などを調査した研究がある。この研究では、暴力の動機が「回避・防衛」「影響・強制」「制裁・報復」「同一性・自己呈示」の四つのタイプに分けられている（**表2**）［大渕　二〇〇六］。

心理学では、人間の行動や判断のもとになる考え方や傾向のことを「パーソナリティ」と呼んでいる。就活の自己分析や、好奇心でパーソナリティ診断をした経験のある読者もいるだろう。暴力の動機の四タイプも、それぞれにパーソナリティが異なる。攻撃性を測る物差し（機能的攻撃性尺度）として、それぞれのタイプには一四のパーソナリティの項目（機能的攻撃性尺度）がつけられている。

この調査では、刑務所に収容されている成人男性の受刑者を、暴力犯罪で捕まった「暴力犯罪者」（四二名）と、暴力犯罪ではない罪状で捕まった「非暴力犯罪者」（三七名）の二グループに分け、それぞれ質問に答えてもらった。結果として、暴力犯罪者の方が、こうした「動機」と「パーソナリティ」の関連が高いという結果が見られた。たとえば、「回避・防衛」を理由に攻撃的になる人には、「猜疑心《さいぎ》」や「被差別感」が高い傾向がある、ということだ。

暴力犯罪の動機	パーソナリティ
❶ 回避・防衛	猜疑心、被差別感
❷ 影響・強制	競争心、自己主張、支配性、低言語スキル、低対処スキル
❸ 制裁・報復	信念の偏り、報復心、権威主義
❹ 同一性・自己呈示	男らしさ、対抗同一性、自己顕示性、プライド

表2　攻撃の4タイプ

攻撃する人の特徴

攻撃性の四タイプについて、それぞれの特徴を見てみよう。

・「回避・防衛」としての攻撃

この攻撃行動をとる人は、「自分が危害を加えられている」という被害意識を持つ傾向が強い。心理的側面としては「猜疑心」や「被差別感」といった人格特性があり、負の情動などを持ちやすいことが指摘されている。「私が危ない目に遭ったのは、あいつの悪意のせいだ」「私が損をしたのは、あいつの敵意のせいだ」というように、自分が危害や損失を受けた原因を相手の悪意や敵意のせいにすることで、このタイプの攻撃行動は高まる。怒りや恐怖といった強い情動が、行動の表出を加速させるのだ。

・「影響・強制」としての攻撃

この手の攻撃で典型的なのは、自分の意見を通すために戦略的に攻撃行動を使う人だ。心理的側面としては「自己主張」「競争心」「支配性」などが強いことが指摘される。自分の利益にこだわる人、妥協などを嫌う人が、他人と対立した際、自分の要求を押し通すためにこの攻撃行動を使うことが多いと考えられている。

また、人間関係で自分が相手よりも優位に立てるときにも、このタイプの攻撃行動は起こりやすい。たとえば、相手よりも地位が高かったり、権力や財力があったりするケースだ。ただし、もともと感情表現や言葉選びが苦手な人の場合は注意が必要だ。悪気はないけれど言葉足らずなせいでぶっきらぼうな言動になってしまっているだけで、相手を攻撃していないことがあるからだ。

・「制裁・報復」としての攻撃

「自分が正義」「責任は相手にある」と信じる傾向の強い人がとる攻撃タイプだ。心理的側面としては「偏った信念」「融通性に欠ける」「やられたらやり返す」「執拗に思いつづける」といったことが指摘される。法律や社会的ルールとその人個人のルールがごっちゃになっていて、違反する人を制裁し復讐したいという思いから攻撃行動をとる。

・「同一性・自己呈示」としての攻撃

文字どおり、体面やプライドへのこだわりが強い人、たくさん注目されたい人がとる攻撃タイプだ。心理的側面としては「名誉や信用を守る」「自分のイメージをよくする」といったことが指摘される。たとえば、「男らしさ」をもって周りからかっこいいと思われていたい人が、「男らしくない」と思われた際、その敬意やイメージが揺らいでしまう。それに敏感に反応して、勇敢さや優越性を示すために攻撃する。あるいは、他人が自分をどんなふうに見ているのか想像し、そのイメージをよくしたいと思ってこの攻撃行動を使う。

カスハラしやすい人の特徴

この四タイプを知ると、これまで登場してきたカスハラ事例の加害者たちの心がうっすら見えてくるのではないだろうか。土下座強要カスハラ、知人女性のためにわざわざ首を突っ込む男性のカスハラ、マスク警察……その心理が読めてくるはずだ。

このような攻撃性のパーソナリティ分析に加えて、「どんな人がカスハラをしやすいのか」も調べる必要がある。

ここで思い出してほしいのは、本章冒頭で取り上げた、性格の特性とクレームの態度の関係を調べた社会心理学の研究だ。その研究結果によれば、自尊感情が高い人ほど、また、自分の情動を自分で調整できると思っている人ほど、クレームしやすい（肯定的な態度を持つ）傾向があった［池内　二〇一〇］。こうした研究をさらに積み重ねる必要がある。

そこで私は、二〇二〇年に科研費を得て、今度はカスハラ加害に関するＷＥＢ調査をおこなった。今回は前回のＷＥＢ調査の一〇倍に近い二〇六〇名（女性一〇九六名、男性九六四名）の回答者を得た［桐生　二〇二二］。

約半数がカスハラ加害の経験あり

この調査は、回答者自身のカスハラ加害の経験を尋ねるもので、自身が過去にしたもっとも印象に残っている悪質なクレームについて答えてもらった。じつを言うと、この調査をやる前は「正直に答える人はいないのでは？」と周りからも言われていた。「クレーマーですか？」と聞かれて頷《うなず》くのは自分自身に嫌なレッテルを貼るようにも感じられて、正直に答えるのに抵抗感があるかもしれない。善人ぶるとまではいかなくても、無自覚だったり、嫌な思い出として忘れていたりするかもしれない。

しかし、驚きの結果が出た。全体の四五％に相当する九二四人が、悪質なクレームをしたことがあると答えたのだ。約半数がカスハラをしたことになる。「淡々と静かに話した」（六二九人）が最多だったが、「攻撃的な話し方や言葉があった」と答えた人も七一人、「大声を上げる時があった」が六三人、「お店や担当者に対し罵詈雑言《ばりぞうごん》があった」も一一人いて、かなり正直に自己申告してくれた。

加害者の態度と傾向

この回答をもとに、特性に応じて違いがあるかも確かめてみる。ここでは「性別」「年齢」「職業」「世帯年収」によってカスハラ加害に関する違いがあるのかを見てみよう。

・性別

「カスハラ加害をした」と答えた人たちの性別については、女性四四五名、男性四七九名と、あまり差は見られなかった。だが、カスハラの内容については、やはり性差が見られた。男性では、四五歳以上が店員のミスや手続き不備などを理由に、高圧的な態度をとり、上層部からの謝罪を受けるタイプが多かった。それに対して女性はというと、四五歳未満が商品の欠陥を理由として、店員に対して淡々とクレームを述べ、商品や商品代を受けとるタイプが多い。攻撃性は男性の方が高く、年齢層も上がる。

・年齢

高齢者と犯罪者率の関連は第一章で触れたが、この調査結果でも世代ごとで傾向の違いが見られた。カスハラ加害の経験があると答えた人の平均年齢は四六・四歳。年代ごとのカスハラ加害行動の有無を見てみると、加害行動の割合が多く見られたのは、四五歳から五九歳までの年代だった。人生の節目をいくつか経験して自分の未来が固定的に見える年代でもあるし、世に言う「働き盛り」の年代でもある。会社や家庭でも不平不満やストレスが多いと思われる年代だから、納得感を覚えた読者もいるかもしれない。

・職業

加害行動の割合が多かったのは「会社員（その他）」「経営者・役員」「自営業」の人たちだった。「働いている人」が接客応対者にカスハラをしやすいのも、見方によっては違和感はないかもしれない。大阪府茨木市コンビニ土下座事件で逮捕された男性も、営業マンとして菓子折りを持って客に土下座をしていたという。理不尽な労働環境によって常識が歪み、八つ当たりというかたちでカスハラが連鎖していることは十分に考えられる。

・世帯年収

もしかすると「お金持ちは懐にも心にも余裕がある」とか「お金持ちはカスハラが起きるようなお店には行かない」というイメージを持っている読者もいるかもしれない。

だが、今回の分析結果では、世帯年収が一〇〇〇万円以上になるとカスハラ加害経験の割合が増えることがわかった。さらなる調査・分析は必要だが「経済状態の悪さがカスハラを増長させる」というような見方は、必ずしも正しくない可能性もある。攻撃性の四タイプのうちの一つ、「影響・強制」では相手よりも地位や財力が優位である人の傾向があったように、優位性とつながる世帯年収はカスハラのしやすさと関連性があってもなんらおかしくはない。生活の心配はない人でも、心の余裕もモラルも欠乏している人たちは残念ながら少なくないようだ。

自尊感情が高い人ほど、カスハラ加害の経験あり

この調査の回答者のうち被害に遭った人は男性五七・二%、女性三二・四%の割合になっている。年齢は三〇~四〇代が多く、直接対面で加害を受けた役職は主任クラスや店長が多い。中高年層の加害者は、店舗内で直接的にカスハラの加害行動をとる割合が高まる。また、店舗内では他のお客がいるなかで三〇~四〇代の主任、店長クラスに対して加害がおこなわれている。

これまでの先行研究や調査をまとめよう。カスハラ加害をおこないやすい消費者の傾向は、表3のようになる［池内 二〇一〇：桐生 二〇一六：Kiriu, Iriyama, & Ikema 二〇一六］。

まず、本章冒頭で紹介した苦情に関する先行研究［池内 二〇一〇］でも、自尊感情が高い人ほど、苦情に対して肯定的態度をとることが明らかにされている。自分の情動を自分で調整できると思っている人についても同じだ。

自尊感情は、心理学では「自尊心（self-esteem）」とも呼ばれる。簡単に言えば、自己肯定感（feelings of self-worth）のことで、長年にわたって研究がされてきた。ここでは、他者に対して攻撃や危害を加えるネガティブな側面が出ているが、自尊感情そのものは人間にとって大事なものでもある。

一九六五年に自尊感情研究の第一人者のモーリス・ローゼンバーグは、この自尊心を科学的に測る方法を開発した。自尊心の程度を数値として測定できる「ローゼンバーグ自尊感情尺度（Rosenberg's Self-Esteem Scale: RSES）」と呼ばれる尺度は、いまも世界中で広く用いられている。たとえば「自己肯定感が低くて生きづらい」という悩みも、この尺度によって実証的に証明されている。自尊心が高い方が自己評価も高く、不安も少なく健康的に過ごせて、他人ともうまく付き合える。

この自尊心を測定できる尺度を使って、カスハラ経験のある人とない人のアンケートに対す

感情の傾向	自尊感情が高い、社会への不満が高い
性格の傾向	完全主義的な傾向が強い、不寛容性が高い、攻撃性が高い
話し方・言葉遣いの傾向	大声、話し方が威圧的・一方的、身振り手振りが激しい
男性の傾向	大声で威圧的な話し方、不明瞭な理由で攻撃的な内容の話
女性の傾向	一方的な話し方、謝罪を求める内容の話
年齢による傾向	50代は大声で攻撃的、40代は揚げ足を取る、30代は淡々と静か

表3　カスハラ加害者の傾向

る答えを比較した。すると、カスハラ加害の経験がある人は、ない人に比べて「私は自分には見どころがあると思う」と思っている傾向が高かった。「私には得意に思うことがない」とは思っていない傾向も見られた。

またカスハラ加害経験のある回答者の性別についても、自尊心による違いは見られた。男性の方が女性よりも「私は自分には見どころがあると思う」と思っており、「私には得意に思うことがない」とは思っていない傾向が高かったのである。

このように、カスハラ加害の経験がある人の方が自尊感情が高い傾向があるという結果が出た。この結果に納得する読者も多いはずだ。自分に自信がなく「自分なんか大したことない」と自己肯定感が低かったり、あるいは謙虚だったりする人が「自分は間違ってない！　お前が悪いんだ！」と大騒ぎするとは考えにくい。

自尊心があることが悪いわけではないが、やはりカスハラの加害者には「おたがい様」という意識が欠落した「俺様」タイプが多いのだろう。

カスハラ被害者の心理

腫れ物の〝お客様〟

いずれの調査でも、加害でも被害でもカスハラ経験があると答える人の多さに驚かされる。たとえば、自身の働いている業界の七割の従業員がセクハラ被害に遭っていると知ったら、異常事態だと誰もが思うはずだ。それなのに、カスハラだけは容認されていることがよくわかる。

「先生の『お客様と私たちは対等である』という言葉には、本当にビックリしました。いままで、そんなことを一度も思ったことがなかったので」

講演会のあとにいただいた感想の一つだ。それを聞いて、あらためて日本のカスハラ問題の本質をつきつけられた感じがした。日本では会計でも注文でも、いつもお店の人が、お客を大切に、腫れ物に触るかのように扱う。マニュアルどおりの礼儀作法を守らないと「丁重に扱われている」気がしない接客の関係が出来上がっているのだ。

ややもすれば、客を必要以上に大事にしてしまう癖が、日本人には無意識のうちに刷り込まれてしまっているかのようでもある。消費者の方も「店は客を大事に扱うのが当たり前」のように思っている。

なぜ、このような状態になってしまうのだろうか。それを説明するものとして、二つの心理効果が挙げられる。

「同調バイアス」と「原因帰属」

例としてセクハラを挙げよう。いまでは誰もがこの言葉を知っていて、性別で差別をしたり、性的な嫌がらせをしたりすることが間違っていると理解している。ところが、「セクシャルハラスメント」という言葉が世の中に広がる前の時代では、職場での忘年会などにおける女性社員は、上司のそばに座ってビールを注いだり、カラオケでデュエットをしたりすることが暗黙のルールになっていた。いまの時代では考えられない光景だが、その当時は、男性も女性もそんなもんだと思って、そのしきたりに従っていたわけである。

このように大勢の人がおこなっている行為に、とりあえず合わせようとする心理状態を「同調バイアス」という。当時は、日本社会全体に、いまでいうセクハラを当たり前だとする同調バイアスがいきわたっていた。簡単に言えば空気を読んでセクハラを我慢したり、見逃したり、当然視したりしてきたのだ。しかし、当然ながら「そんなもんだ」は積極的な肯定とイコールではない。そういう時代でも、ほとんどの女性は役割を強いられるのは「おかしい」と思っていて、「なんで私がこんなことしなくちゃいけないわけ？」と感じながらも、暗黙のうちに「そんなもんだから仕方ないよね」「おかしいと感じる私は生意気な部下だ」と、自分に説明して納得させていた。そういう心の働きが生じていた、とも考えられる。

社会のあり方に原因がある場合、自分だけの努力で解決するのは難しいことだ。異論を唱えれば解雇されたり、周囲から「自意識過剰」と白い目で見られたりしてしまうかもしれない。それを暗黙のうちに理解し、自分の心も宥《なだ》める。この心の働きを心理学では「原因帰属」と呼ぶ。身の回りのさまざまな出来事や、自分や他人の行動などについて、その原因を推測する過程のことを指している。

「私が悪いんだ……！」と思うように、原因を自分自身に求めることを「内的帰属」と呼ぶのだが、こうした状態にあると、自身の能力不足や工夫の足りなさなど、自分の内にあるものを原因だと思う傾向がある。自責の念が強くなり過ぎると、メンタルヘルスに悪影響をもたらすことも指摘されている。まじめさゆえに心身に不調をきたしてしまう人も、この心の働きがあるからだ。

カスハラは犯罪である

カスハラの被害を受けている人たちも、同じ状況に陥っているものと考えられる。

カスハラに遭うのは避けたい。でも「どんなお客様でもうまく対応できるのが、あるべき接客の姿」として強く求められる世の中（会社）だから、自分もうまく対応するしかない。ひょっとすると、うまく対応できないのは自分自身のせいかも。自分だけの努力だけでは、カスハラをなくせるものでもないし、耐えるしかない……。

そんなふうに、カスハラを許す同調バイアスと、自責の念によって納得してしまう原因帰属のせいで、本心を押し殺して働きつづけている従業員は少なくない。もしかすると、いまこの本を読んでいるあなたもその一人かもしれない。

しかし、お茶汲みやお酌を女性社員が強制される状況は、いまでは誰もがおかしいと気づけるようになった。それは一人ひとりが「そんなのはおかしい」と声を上げ、セクハラ被害を世間に認識させ、セクハラは犯罪的行為だと社会全体に知らしめたからだ。こうした先例のように、現状を暗黙のうちに我慢するのではなく「これはカスハラだ、カスハラは犯罪だ」という認識を持ち、声を上げていくことがなによりも大切なのだ。

コラム② 日本初のカスハラ・シンポジウム

心理学の社会実装

ここで少し、私の研究スタンスについて話したい。

私は大学で教鞭をとる前は、山形県警察科学捜査研究所に主任研究官として勤めていた。過去の犯罪や現在進行形で起きている犯罪の情報を集めて分析しながら、警察官や鑑識課と情報交換し、立場やアプローチは違えど皆が事件解決のために動く現場を体験した。そのため、大学教員になったあとも、民事事件への意見書を書いたり、殺人事件などへの捜査協力をしたりしている。実際に起きた事件の分析を一般向けに発信することも心がけている。

「心理学の社会実装」をスタンスに、現実にある問題を具体的に解決し、私たちの生活を豊かにすることが私の研究の目的だ。現場なくして、真の研究と対策はできない。

人の心の動きを知るには、自律神経系などの生体的な反応というミクロな視点から、社会背景というマクロの視点に至るまで、人体の内と外の視点が求められる。なぜなら、「現場」は、必ずしも自分の目に映る場所だけとは限らないからだ。ひと昔前に「事件は会議室で起きているんじゃない！　現場で起きてるんだ！」という言葉が一世を風靡《ふうび》したが、真相を知るための現場は、事件の起きた現場だけに限らないし、同じ現場も違う人の目を通して見れば、違うものが見えることもある。カスハラも、業種や性別が違えば加害者の傾向も違う。

そして、現場を熟知する人たちは数多くいる。他の専門領域で同じ問題解決を目指して研究している人たちがいる。調査データも、その捉え方や分析方法もたくさんある。だからこそ、自分の知っていることだけに依存せず、そもそも選んだデータ自体が正しいのか、分析方法は適切かを過信することなく確かめ、結果も裏付けがとれるものなのかを知るために現場に戻る必要がある。

問題の本質は、多様な現場に足を運ばないと体感できないものだ。体感できていないと、結局のところ「こんなものだよね」と無難な方へ向かってしまい、問題がいつしか机上の空論となって現実の問題から逸れてしまうのだ。

実証的に分析した結果は、現場に反映することで初めて生きる。心理学の社会実装は、さまざまな現場に赴き、専門領域や立場の垣根を越えた人たちの声を聞き、現場に戻っていくことでもある。

そうした考えのもと、私はカスハラの調査と研究を重ねながら心理学の社会実装のための企画を立てることにした。それが、日本初のカスハラに関する公開学術シンポジウム「カスタマーハラスメント―心理学的アプローチの可能性を探る―」だ。

心理学者と実務家の邂逅

私が代表を務め、二〇二一年一二月一一日に東洋大学で開催されたこのシンポジウムには、心理学者だけでなく実務家も参加した。というのも、この企画のねらいは、カスハラの基礎的な知見を、研究者と実務家がシェアすることだったからだ。

登壇者は、私のほかに、UAゼンセンの安藤賢太さん、日本対応進化研究会の近藤修さん、三井住友海上火災保険株式会社の阿部光弘さん、東洋大学・ココロバランス研究所の島田恭子さん、慶應義塾大学・株式会社ベターオプションズの宮中大介さん、筑波大学の上市《うえいち》秀雄さんだった。異なるバックグラウンドを持つ面々が集う光景は、心理学の学術シンポジウムでも珍しい。

大学教員をしていると「教えてください」と言われることが多い。しかし、私たちも同じく「教えてもらう」側でもある。研究者の視点では気づきにくいことも、現場の最前線でカスハラ問題に取り組んできた人たちと話し合うことで、私たちが得意とする実証的分析を社会で生かす道を一緒に見つけていくことができる。

犯罪心理学の知見によって実際に起きている犯罪を分析し理解するだけでなく、新たな犯罪の芽を摘んで未然に防ぐように、カスハラ研究も問題の理解だけでなく、予防にも役立てていける。

続くカスハラ・シンポジウム

カスハラのシンポジウムはその後も続いた。

二〇二二年二月三日には、『グレークレームを〝ありがとう!〟に変える応対術』(日本経済新聞出版)を出版した日本対応進化研究会が主催する「カスタマーハラスメントを考えるシンポジウム二〇二二」が開催された。カスハラの実態や対応策を熟知したメンバーが集まった。私は基本方針について語る基調講演をおこない、実務サイドから多くの意見と感想をもらった。

その翌月、私は公益財団法人セコム科学技術振興財団から研究助成を受け、「カスタマーハラスメントの学術的アプローチ　その実態と対策」(日本カスタマーハラスメント対応協会による公開シンポジウム)を開催した。

いろいろな組織がカスハラ問題に意識を向けるようになってきていたので、さらに視野を広げ、心理学者や実務家だけでなく、他の分野の視点も取り入れるためだ。従来の消費者対応のアプローチだけではなく、行政や福祉・教育の現場、心理学や組織活性化といった多方面から意見を出してもらえれば、それだけ議論も深まる。これからの対人行動のあり方や、組織や接客応対者と消費者との関係性などを再検討すべく、あらたな視座を見いだすことを目的にシンポジウムは開催された。

シンポジウムで意見を発表したのは、私やその前のシンポジウムに出席していた面々の他に、損害保険会社で執行役員をしていた窪田博さん、株式会社ジーネクスト CS推進室長の酒井由香さん、ソーシャルワーカーの根本真紀さん、公立学校校長をしていた福田晴一さん。会場とリモート配信でシンポジウムを実施することで、数多くの人が参加してくれた。

カスハラ改善の共同作業

三つのシンポジウムに参加し、カスハラの犯罪心理学を社会実装していくなかで、私はカスハラの法制整備につながる原動力は「企業」「従業員」「消費者」のそれぞれが意識を変えることだと感じていた。

ほかの犯罪と同じように、カスハラも文化や社会の情勢を背景にして起きる。カスハラは、企業や従業員と消費者との関係性から生じる対人関係の問題だ。人と人の間で生じる問題は、人が意識を変えていかなければ根本的には解決できない。

そして、カスハラは、れっきとした犯罪だ。厚生労働省はカスハラ対策のマニュアルを出しているが、「対策」ではなく「改善」するという意識を企業・従業員・消費者が持たなければカスハラ問題は終わらない。過剰なおもてなしで「日本的カスハラ」を育てるのではなく、「対人関係のモラルを持った消費者」を育てることが大事になってくる。

学術的な視点からも具体的な解決課題を模索する試みははじまったばかりだ。シンポジウムを通して、カスハラ対策に関する学術と社会における共同作業の気運も高まっているのを、私は強く感じた。

カスハラのなにが問題で、誰が被害に遭っているのか。現状に見合った対策や効果的な解決方法には、どんなものがあるのか。社会実装によって、さまざまな立場の人たちの視点からカスハラは検討されている。

第三章　〝お客様〟の正体

お客様は神様か？

「お客様は神様です」

そもそも、日本ではどうしてこんなにカスハラが多発しているのだろうか。それは、いわゆる「お客様は神様」的な企業サービスと、それを当たり前だと思う消費者との間に病的な関係性があるからだ。これまでカスハラが顕在化しなかったのは、「そういうもんだ」という同調バイアスが強く働いていた社会だったからなのだろう。ところが、この関係性のバランスが近年では保たれなくなってきた。その歪みがカスハラ問題の顕在化に拍車をかけている。

他社との競争でいき過ぎてしまったサービス。ネットなどの風評被害への過敏反応。そうした企業の過剰なサービスに消費者は甘えてカスハラ行動をとり、企業や社会のシステムもそうした土台のうえで熟成されてきた。しかし、過剰サービスの限界や日本経済の低迷を前に「お客様は神様です」信奉は揺らいでいる。そもそも、この「お客様は神様です」という考えは日本に古くからあったわけではなく、あるエピソードをきっかけに昭和時代から日本中に広まったものだ。昭和を代表する歌手、三波春夫氏の著書『歌藝の天地』（ＰＨＰ文庫）には、この言葉の誕生秘話が記されている。昭和三六年の春、ある地方都市での講演にて、司会の宮尾たかし氏からの問いかけに答えるシーンだ〔三波　二〇〇一〕。

「三波さんは、お客様をどう思いますか？」

「うーむ、お客様は神様だと思いますね」

ウワーッと客席が歓声の津波！　私ははっとしたが、宮尾君もびっくり。客席と私の顔を見比べて、

「カミサマですか？」

「そうです」

「なるほど、そう言われれば、お米を作る神様もいらっしゃる。ナスやキュウリを作る神様も、織物を作る織姫様も、あそこには子供を抱いてる慈母観音様、なかにゃうるさい山の神……」

客席は一層の笑いの渦。その翌日から、毎日このパターンが続いて、どこもかしこも受けまくった。宮尾君は、お父さんが落語家であり、本人も研究熱心だから、司会者としても一流。漫談もうまい。

こうして、このやりとりを続けて全国を廻るうちに、レッツゴー三匹が舞台を見て、おおいに流行らせたのである。

あまりにも客ウケがよかったこの言い回しをするよう、各地の主催者は二人に頼み込んだそうだ。芸能は古来より五穀豊穣《ほうじょう》を願って神前で舞や唄を捧げてきたものだから、三波氏もそんな想いで芸を磨き、披露してきたのだろう。ところが「お客様は神様」は流行語として一人歩きし、誤用と乱用の果てに悪質なクレームを助長するフレーズになってしまったのだ。

「お客様は王様です」

日本の「お客さまは神様です」という言葉に対して、アメリカやドイツといった欧米には「お客様は王様です」という言葉がある。

「上下関係がある点では一緒じゃないか」と思った方もいるかもしれない。けれど、そこには雲泥の差がある。なにせ王様は雲の上の存在ではなく、同じ人だ。国を治める王も人の子、過ちを犯す。過ちを犯せば、正さなければならない。悪政を強いる王が革命やクーデターで処刑されてきたように、悪事を働くお客様は法に基づいて処罰される関係性がわかるフレーズだ。

アメリカでは悪質クレーマーが現れにくいという話は、序章でもしたとおりだ。アメリカでは、客も従業員も同じ目線を持って、買い物をしたり仕事をしたりしている。コーヒーショップで店員が気軽に客に言葉をかけたりする光景も見られる。製品やサービスに客が不満を感じてクレームをつける場合、法外なことを要求すればつまみ出されてしまうか、相応のペナルティを受けることになる。正当なクレームなら、店や企業側が問題を解決するか否かで、客はその店や企業と今後も付き合うかを決める。欧米でカスハラが問題として取り上げられる場合、多くの場合は女性従業員に対する性的な嫌がらせや、人種差別的な言動が問題視されてきた。こうした客を野放しにする店のオーナーや企業の経営者は、世間からバッシングを受けることにもなる。悪質なクレームを野放しにすることは、企業の沽券《こけん》にも関わるのだ。

欧米との企業文化の差

第二章でカスハラ調査のデータを分析した際、ワードクラウドに「返品」という言葉が出てきていたのを覚えているだろうか。この返品についても、欧米と日本の差は大きい。

大手通販サイトのアマゾンでも返品しやすい仕組みになっているように、欧米では日本より返品・返金をおおらかに受けつける傾向がある。欧米の消費者は、日本に比べて驚くほど気軽に返品するのだ。こうした対応の差からは、返品・返金によって利益を圧迫されるよりも、クレーム対応のリスクの方が大きいという経営判断が透けて見えてくる。

クレームになるケースでも、クレーマーは交渉術を弁《わきま》えていて、店や企業のトップに手紙やメールを送り、対応してもらいやすいように工夫する。互いに時間や労力といったコストをさほど払わずに、合理的に問題を解決したいという気持ちが、企業側にも客側にもあるのがわかる。本当に問題がある場合だと、アメリカでは陳情を集め、弁護士が中心になって集団訴訟をしていく傾向もあるという。日本では、個人が店や企業の窓口に直接クレームしに行くから、孤独なニホンオオカミ型（コラム①参照）の問題行動につながるのかもしれない。

童話「裸の王様」も、最後には王様が群衆に指をさされて大笑いされてしまう。詐欺師と王様と大人たちの同調も、裸を指さした子どものひと言で崩れ去った。カスハラをする悪質クレーマーも、恥ずかしい「裸の王様」だ。

質を下げるばかりのサービス合戦や誤った風評被害に怯えるだけでは、裸の王様の大行進は止まらない。店員と客の関係、企業と消費者の関係を視野に入れた「お客様とはおたがい様」のあり方を、日本でも推進していく必要がある。

消費者とは何者か？

「消費者」の定義

そもそも、「消費」「消費者」とはなんだろうか。辞書をひいてみよう。［広辞苑　第六版］

【消費】①費やしてなくすること。つかいつくすこと。費消。「電力を—する」。②〔経〕

（consumption）欲望の直接・間接の充足のために財・サービスを消耗する行為。生産と表裏の関係をなす経済現象。

【消費者】①物資を消費する人。↕生産者。②生物群集や生態系でのエネルギーの流れや物質循環で、生産者である独立栄養生物（主に植物）の生産物を消費する従属栄養生物をいう。ほとんどの動物がこれに該当する。

「消費」という言葉には二つの意味があることがわかる。いずれも使う行為を示し、「消費者」はその実行者を意味する。「消費」という概念が社会生活でも自然と使われ、定義されていることがわかる。それでは、生活や経済といった日常の営みをおこなう「消費者」は、法的にはどのように説明されているのかを見てみよう。

法律が描く消費者像

「消費者契約法」の第二条では、消費者の定義が書かれている。

第二条　この法律において「消費者」とは、個人（事業として又は事業のために契約の当事者となる場合におけるものを除く。）をいう。

つまり、売り買いの契約で結ばれた関係性があった場合、事業者でなければ「消費者」ということになる。非常に明瞭だが、どういう存在として法的には見られているのかは、国民の消費生活に関する法律、「消費者基本法」の第一章総則から窺い知れる。第一条には「消費者」と「消費」について次のように書かれている。

第一条　この法律は、消費者と事業者との間の情報の質及び量並びに交渉力等の格差にかんがみ、消費者の利益の擁護及び増進に関し、消費者の権利の尊重及びその自立の支援その他の基本理念を定め、国、地方公共団体及び事業者の責務等を明らかにするとともに、その施策の基本となる事項を定めることにより、消費者の利益の擁護及び増進に関する総合的な施策の推進を図り、もつて国民の消費生活の安定及び向上を確保することを目的とする。

事業者という売り手に対して、商品・サービスの情報をよく知らない消費者は立場が弱い。だから基本的には消費者の利益は守られるべき、という意図が読める。この法的な説明では「消費者」は弱く守るべき存在として描かれているのだ。弱い消費者の自立支援が必要だとして、第十七条では次のようなことが明記されている。

第十七条　国は、消費者の自立を支援するため、消費生活に関する知識の普及及び情報の提供等消費者に対する啓発活動を推進するとともに、消費者が生涯にわたつて消費生活について学習する機会があまねく求められている状況にかんがみ、学校、地域、家庭、職域その他の様々な場を通じて消費生活に関する教育を充実する等必要な施策を講ずるものとする。

消費者が騙《だま》されたり誤ちを犯したりしないように、売り手は情報の提供をし、消費者自身も生涯学習が必要だということが強調されている。

国の消費者像に足りないもの

こうした弱い消費者像は、時代とともに少しずつ変化している。それが窺い知れるのが、消費者事故などに関する情報の集約やその分析を取りまとめた結果の報告書「消費者白書」（消費者庁）に記載されている文章だ。これの令和元年版には、消費者について、法律上の定義に加えて、次のような説明が補足されている。

一般的に、これらの特徴（筆者注：消費者は立場が弱いという特徴）を要因として含む問題を「消費者問題」といいます。同時に、消費者は、社会を構成する重要なステークホルダーとしての性質も有しています。消費者は、日本経済全体（名目国内総生産）の五〇％以上を占める家計消費の当事者であり、その行動が社会に大きな影響を与える主体としての側面もあります。そのため、消費者は従来の「保護」される脆弱な存在としてだけではなく、自立した責任のある行動を通して、社会的な「役割」を果たしていくことが求められます。

守られる存在として強調されていた「消費者」が、ここでは、責任ある自立した存在に変わることが求められている。たしかに消費者の行動によって、日本経済の動向はもちろん、文化やライフスタイルも形成されてきた。消費社会の二輪は消費者と事業者（働く人たち）だと言っても過言ではないはずで、その社会的責任は大きい。

現実のトラブルも、消費者が被害を受けるばかりのものだけではない。これまで見てきたカスハラの事例でお察しのとおり、自立して買い物はできても、道徳や倫理が欠落した〝お客様〟が「消費者問題」として顕著になってきている。

消費者行動から考える

五つの考え方

消費者は、ただお金を払って買い物をする存在ではない。仕事などで得たお金をどう使うか、生活のやりくりを考えながら生きている。その行動を見れば、また違う角度から消費者の姿が見えてくるはずだ。消費者行動（consumer behavior）とは、消費者の反応全体のことを指す。商品・サービスの購買行動だけでなく、それを使う行動も含まれる。消費者心理学や行動経済学では、人々がどのような心理メカニズムで商品やサービスを選んだり、購入したりするのか、さまざまな視点から研究がなされてきた。蓄積されたこうした知見からは、私たちが無意識のうちに何気なく買い物をしているようでも、じつは潜在的な傾向にしたがって反応し、行動をとっていることがわかる。

ここでは、消費者行動にまつわる五つの考え方を紹介しよう。

①期待不一致モデル

マーケティングの研究分野の理論で「期待不一致モデル」というものがある。

これは顧客の満足度に関わる理論の一つだ。実際の成果が期待を上回れば、人は満足を感じる。だが、期待よりも低ければ不満足を感じる。たとえば、美味しいと話題になっているお店にあなたが行ったとする。いざ行ってみるとそれほど美味しくもない。この場合、前評判を知らずに行った場合よりも、その評価は下回ってしまうはずだ。逆に、さほど期待していなかったのに美味しければ「よい穴場を見つけた！」と評価は上がるだろう。

消費者が満足するか否かは、実際の商品・サービスの価値だけではなく、事前の情報や印象にも左右される。

②二重過程理論

消費行動における心理を説明するうえで、もっとも基本的な考え方の一つといわれるのが「二重過程理論」だ。

心理学者であり、行動経済学の先駆者であるダニエル・カーネマンは、この理論を発展させたことで広く知られるようになった。カーネマンは、消費者の行動を「システム１」（自動的に素早く働く知覚の仕組み）と「システム２」（じっくりと頭を使う仕組み）によって説明している [Kahneman 2003]。

たとえば、セルフサービスの店で、料理を注文するとおまけがつくとする。チョコレートケーキと野菜サラダ、いずれかを選べるとしよう。甘いものが好きな人なら反射的にチョコレートケーキを選ぶだろう。考えることなく瞬間的に選べる。この素早い判断は「システム1」によってくだされる。

一方、「ケーキは美味しそうだけど、野菜サラダを食べるべき」と判断した人ももちろんいる。「最近、野菜不足だ」とか「砂糖と添加物まみれのケーキを食べるより、ビタミン豊富な野菜サラダの方が健康にいい」「後悔が少ない方を選ぼう」とかあれこれ悩んだ末にサラダを選ぶ場合、時間をかけて判断をした「システム2」によって選択をしている。消費者は、欲望のままに買い物をしているわけでも、短絡的にしか消費行動をとらないわけでもない。そうするケース（システム1）もあれば、そうではないケース（システム2）もあるというわけだ。

この「システム1」と「システム2」は、商品やサービスの選択だけではなく、商品やサービスに対する「好き」「嫌い」といった感想の違いについても同じだ。つまり、直感的に購入したものより、あれこれ考えた末に購入したものの方がネガティブな反応のリスクが高まってしまうというわけだ。

③プロスペクト理論

次に「プロスペクト理論」を紹介しよう。

この理論は、利得または損失が一定の確率で生じる不確実な状況において、人間の意思決定においては利得よりも損失の方が影響は大きいとするモデルだ。簡単に言えば、同じ額でも得よりも損の方が消費者にとって痛みが大きく、損を避けることを優先するという考えだ[Kahneman&Tversky 1979]。

たとえば、「一〇〇%の確率で五〇〇〇万円もらえる」Aプランと、「コインを投げて表が出れば一億円もらえるが、裏が出たらなにも手に入らない」Bプランのいずれかを選ぶことになれば、あなたはどちらを選ぶだろうか？　とくにお金に困っていない場合、ギャンブル好きなら五〇%の確率で倍額をもらえる賭けに出るかもしれないが、大体の人は堅実にAを選ぶ。

ところが一億円の借金を抱えているという前提で、「一〇〇%で負債総額が五〇〇〇万円になる」Aプランと、「コインを投げて表が出れば全額返済できる。裏が出れば負債額は一億円のまま」というBプランのいずれかを選ぶとしたらどうだろうか。じつは、多くの人が五〇%の確率で損が消えるかもしれないBを選ぶ。

二〇二一年に世界的に流行した韓国ドラマ『イカゲーム』もまさにそんな心理をついた究極の物語だった。「得をしたい」「損はしたくない」と思う気持ちは多くの人にとって身に覚えがあるだろう。

④アンカリング効果

アンカリング効果とは、関係ない先行刺激（数値）によって、その後の意思決定に影響を及ぼすという認知バイアスのことを指す。たとえば、「通常価格一万円のところ、本日はなんと！　半額の五〇〇〇円！」という場合、本当は価値が六〇〇〇円程度の商品の可能性もあるのに、一万円の価値があるという情報が消費者に影響を及ぼすことで五〇〇〇円がお買い得に思える。テレビショッピングが大好きな人は、このアンカリング効果によって認知に偏りが生じているかもしれない。

また、通常価格で購入した商品に不具合があれば腹が立つが、「セールでかなり得をした！」と思って購入できれば、多少の不満も気にならなくなるのが一般的な人の心理だ。

⑤極端の回避

最後に紹介するのは「極端の回避」と呼ばれる考えだ。

これは、消費者は極端な選択を避け、中間を選ぶ傾向があるというもの。たとえば、ランチの定食の種類が「松」「竹」「梅」の三種類あったとするならば、多くの人は真ん中の「竹」を選ぶ。大きな得も損もないだろうという心理が働くためだ。

自分が大きな損をしたと感じられるとき、人はその損を埋めようとクレームをつける。豪華に違いないと信じて注文した「松」が期待どおりでなければ「おかしい！　金返せ！」と不満が噴出する可能性がある。梅は逆に、満足感が足りずに二重過程理論の「システム２」を発動させてネガティブな反応に結びつく要因にもなりうる。中間の「竹」という選択肢があることで、ほどほどに期待も不服も緩和されるのだ。

人は暗黙のうちに、極端なものを回避する。言い換えると、極端な選択をさせるような刺激を与えることは、不平不服を生み出すリスクも高めることになるというわけだ。

カスハラは百害あって一利なし

消費者行動にカスハラが与える影響

さて、消費者行動の理論から見える消費者の姿は、あなたの目にはどのように映っただろうか。「宣伝や広告に踊らされているな」と感じた人もいるかもしれないし、「なかなか企業側の予測どおりには動かないものだな」と感じた人もいるかもしれない。いずれにしても、消費者は、買い物に満足できるかどうかを意識的にも、無意識的にも判断していることがわかったはずだ。カスハラもまた、そうした判断の果てに生まれている。

歴史を振り返れば、自給自足していた人類は、物々交換という仕組みで欲しいものを得られるようになり、やがてお金という効率的なシステムが導入された。いずれにせよ、得られるものと釣り合う対価を払うことは一貫している。等価交換こそ本来の消費の姿である。ところが、自分が払うものとは釣り合わない過剰な要求がエスカレートすることでカスハラは発生している。それなのに、多くの企業はカスハラ問題が顕在化したあとも様子見の姿勢を崩さない。そこには「ややこしいお客を上手にさばける人材がいればいい」という古い考え方が見え隠れしている。

ひと昔前なら「身の危険を覚えるような客もさばける」スーパー社員はかっこよかったかもしれない。しかしいまは、あらゆる暴力に対して毅然《きぜん》と誰もが「NO」と言う時代になった。私たち一人ひとりが認識の歪みに気づき、消費者としてあるべき姿を見直すときがやってきたのだ。

今後のカスハラ対策のポイント

カスハラを見過ごせば、従業員は心身の健康を害することになり、企業側も労働力の低下という害を受ける。それだけではなく「人材を守れずにすり潰す企業」として非難されるリスクも高い。そうなれば世間からの信頼を失い、企業イメージやブランド力を著しく損なうことにもなる。さらに、第一章の刑事事件のように、カスハラ被害の経験は加害の連鎖を生む。カスハラ問題を放置することは、誰にとっても害悪にしかならないのだ（**表4**）。

最優先課題

❶ 従業員の被害	労働力低下　心身の不調
❷ 企業への損害	イメージ・ブランド力の悪化
❸ 消費者の質低下	モラル・対人行動の劣化

表4　カスハラの三大悪影響

それでは、どのようにカスハラ対策をすべきか。カスハラに関する法整備ができれば、王手をかけられる。ただし、すでにストーカー規制法案でも見たように、すぐに法をつくれるわけではないので、法が整うまでの間も手をこまねいているわけにはいかない。「どう対応するのか」という他人事の目線ではなく、「どう改善するのか」という現場・被害者の目線から、加害者にNOを突きつける姿勢で取り組みを講じていくべきだ。

コラム③　ネット社会で変わった、人の心と距離

インターネットと犯罪

私はよく「犯罪とは無縁そうな人が、どうしてこんなことをするのでしょうか？」と尋ねられる。普段はおとなしく生活をしていた人による犯罪に、多くの人は不安を感じる。ここでは、カスハラ問題の背景の一つとして、現代社会を生きる日本人の心や人間関係の変化について考察してみよう。

その影を強く感じる犯罪の一つが、児童や未成年者への性犯罪だ。二〇一九年に私が分析した際、児童買春や児童ポルノなどの犯罪行為では、インターネットのツール、とくにSNSが悪用されている。

SNSを用いた犯罪と聞いて、座間で起きた凄惨な連続殺人事件を思い出した人もいるだろう。二〇一七年に起きた座間九人殺害事件では、一人の男性が逮捕され、死刑判決を受けている。犯人はSNSを利用して自殺願望のある女性たちと知り合い、犯行に及んでいた。殺害された女性八名の半分は二〇歳未満で、一五歳の少女も含まれていた。この事件は国内外に大きな影響を与え、これを機に一部のSNSでは利用規約が変更された。

SNSのデータ分析

こうした事態を背景に、私はTikTokを運営するByteDanceから依頼を受け、SNSの利用によって起きる未成年の性被害の調査と、その防止に向けた研究をおこなった。

SNSとひと口に言っても、その種類はさまざまだ。まず、個人から発信される情報が不特定多数に対して「オープン」なのか、あるいは特定の人（たち）へ「クローズド」なのかという大前提がある。そのうえで、それぞれの特徴をおおまかに分ければ「交流系」「メッセージ系」「写真系」「動画系」の四タイプが挙げられる。

「交流系」は、Twitterやnoteなどのオープン型と、FacebookやMessengerを含むクローズド型の両方が含まれる。「メッセージ系」は、LINEやKakao Talkなど、個々人がメッセージを送り合うクローズド型に限られる。一方、Instagramなどの「写真系」、YouTubeやTikTokなどの「動画系」は、いずれも不特定多数に写真や動画を見せるオープン型だ。他にも「ライブ系」や「出会い系」、チャット機能がある「ゲーム系」なども存在している。

デジタルネイティブを取り巻く環境

「Z世代」とも呼ばれる現代の未成年者たちは、個人の情報を発信することが自然な生活を送っている。そんな現代の若者たちを取り巻く環境には、四つの特徴がある。

第一に、生まれたときからSNSの環境が整っており、ソーシャルメディアは日常生活に欠かせないものとなっていること。第二に、スマートフォンがなければ、スムーズに日常生活ができない状況になっていること。第三に、世の中の価値や基準がスマートフォンの中にあること。言い換えると、物理的・時間的な制約を受けずに情報を収集できるということだ。そして第四に、スマートフォンを通じて築かれる対人関係も軽視されることなく、直接会っているときと同じ程度に重視されること。

ネット環境やスマホは年代に限らずに浸透しているので、若者に限らず現代人の多くを取り巻くものだから「確かに自分もスマホに依存しているな」と感じた読者も多いかもしれない。とはいえ、物心がついたときからそれらが生活の「当たり前」になっている世代とは、やはり大きな差があるだろう。

被害に遭った未成年者の心理特性

SNSを通じて犯罪被害に遭った未成年者の心理的な特性としては、「非日常的関与」と「依存的関与」の傾向が強い。

「非日常的関与」とは、インターネットと日常の境目が曖昧になる状態を指す。インターネットの世界をめぐって「オン／オフ」という言葉がよく使われるのは、インターネットの世界と現実世界は一般的に切り離されている感覚があるからだ。たとえば、Twitterなどの不特定多数に情報を発信するSNSでは、本名でアカウントをつくらない人が多いはずだ。それは、日常（リアル）と非日常（ネット）を使い分けているからだろう。しかし、未成年者のネット犯罪被害者には、この区別がないことが多く、個人情報などを安易にネット上に流してしまう傾向にある。

「依存的関与」とは、インターネットやSNSにのめり込むことで、日常生活を忘れてしまう状況を指す。もしかしてドキリとした読者もいるかもしれない。現代においては、誰にでもネット依存の可能性はある。

こうした心理的特性を持つ未成年者がSNS上で交流する相手は、小まめに返信してくれる人、被害者自身を認めてくれたり、誉めてくれたりする人が多いことが明らかになっている。

加害者の特徴

加害者のタイプは、「出会った当初は見知らぬ人」と「以前から知人」の二つに分けられる。加害の目的は両者ともに共通していて、一つは、被害者の写真などを道具的に使用する「画像拡散・所持」を目的とするケース。もう一つは、被害者の写真などを人間関係を維持・強化するための成果物・証として捉える「恋愛・性的関係」を目的としたケースだ。

出会った当初は見知らぬ人が加害者である場合、画像などは金銭獲得の道具として利用され、性的行為なども含めて、より過剰な要求をおこなうなど、被害者をコントロールするための道具として悪用される。相手を騙すような手口で近づく詐欺タイプのアプローチを使用しているケースも多い。座間九人殺害事件でも、加害者自身は自殺願望がないにもかかわらず「一緒に死のう」などと言って、自殺願望のある女性たちに近づいていた。

加害者が以前からの知り合いの場合は、すでに入手している画像を使って、リベンジや憂さ晴らしをおこなったり、恋愛妄想的な復縁を求めたりする。「リベンジポルノ」という言葉を思い出した読者もいるだろう。二〇一三年に起きた三鷹ストーカー殺人事件の加害者も元恋人の画像をネット上で拡散させていた経緯があったことから、翌年にリベンジポルノ防止法（私事性的画像記録の提供等による被害の防止に関する法律）が成立している。

恋愛タイプのアプローチではあるが、未成年者の恋人を求める出会い系経由の場合もある。性格の特性としては、恋愛に対する認知・態度に関して問題を抱えている可能性があったり、女性をモノ化する傾向が高かったりするものと考えられる。

SNS上の犯罪への対策案

現状の未成年者自身がおこなっているSNS使用におけるセキュリティ対策としては、パスワードロック、注意喚起（不要なアプリをインストールしない、怪しいサイトを開かないなど）が多かった。一方で、システムを活用した対策（セキュリティソフト、フィルタリングサービス、二段階認証）は少ない傾向であった。また、保護者による対策も、親子でルールをつくるなどといった注意喚起の方法が主であった［桐生　二〇二〇］。

ここから、まずは既存のシステムである「セキュリティソフト」「二段階認証」「ペアレンタルコントロール」などの導入を促すことが重要である。また、性犯罪に巻き込まれないために、より具体的に注意喚起を促す教育の場を設けることが必要だろう。とくに各年代に合わせたSNS安全使用の教育コンテンツの作成・配信が急務だ。

また、被害プロセスに添った予防介入システムの作成も有効だろう（図9）。「前期」においては、投稿におけるSNSへのやりとりの移行を促す言い回しなどを検知し、注意喚起シグナルを送信する。そのシグナルには、信頼形成についての教育的コンテンツも配信されるようにする。「転換期」においては、チャット上での写真送信の依頼などの加害行動を検知し、注意喚起シグナルを送信、性的な写真送信を不可にする。そのシグナルには、児童ポルノ被害についての教育的コンテンツも配信される。「発展期」においては、性行為に関する

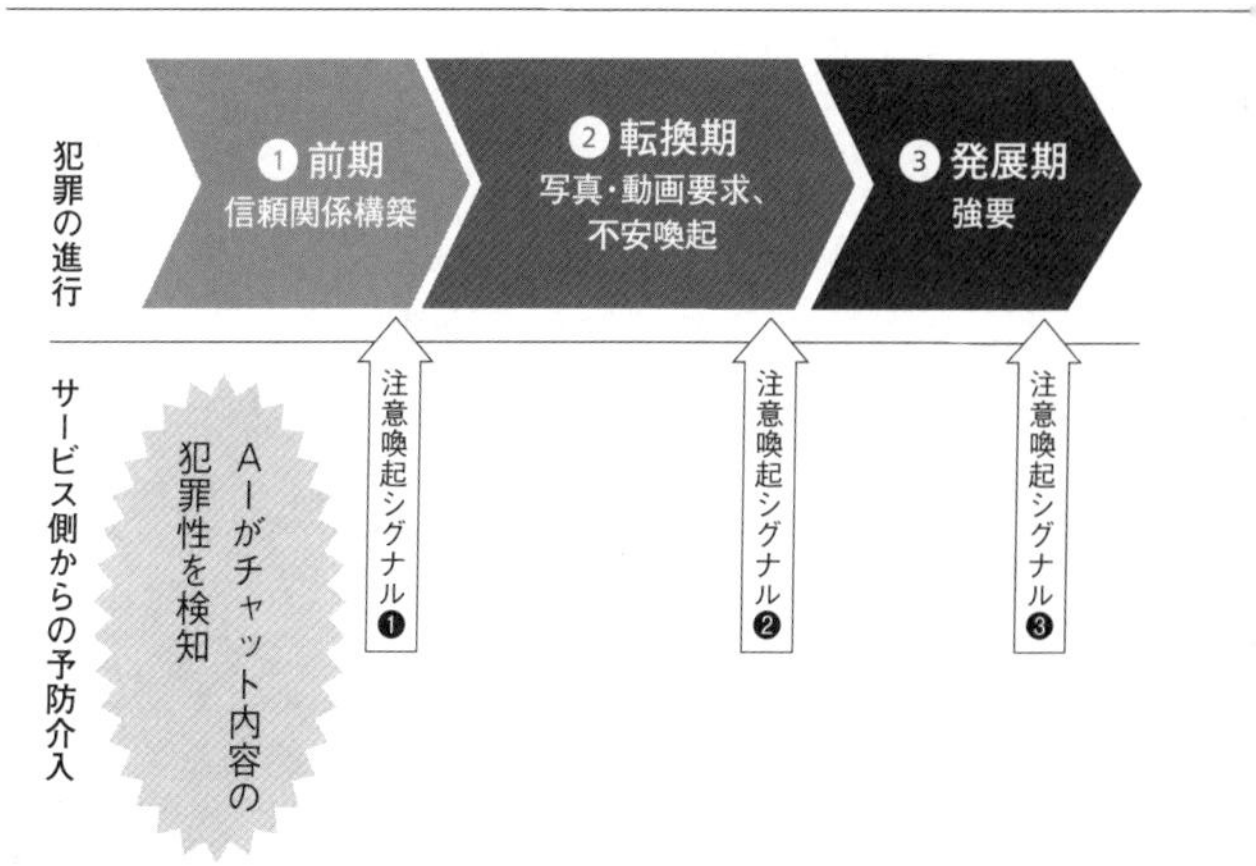

図9　SNS上での犯罪対策案

ワードに応じて注意喚起シグナルを送信する。

そのシグナルには、具体的な対策や相談窓口の紹介についての教育的コンテンツも配信される。

以上のような、ＡＩ機能を有するリアルタイム監視機能の開発を目指すことを提言する。

第四章　カスハラ対策の最前線

企業も消費者も成長する取り組み

接客応対者のメンタルダメージ

ここまで、カスハラ加害者の心理構造と、カスハラを容認する社会構造を概観してきた。本章では、カスハラへの具体的な対策にフォーカスしてみよう。

二〇一九年時点で、厚生労働省がカスハラによる精神障害を労災認定した人の数は、過去一〇年間で七八人だった、そのうちの二四人は自殺してしまっている。カスハラによるストレスは深刻な問題だ［毎日新聞デジタル　二〇一九年一〇月二三日］。

UAゼンセンが二〇一七年におこなった調査データでは、カスハラ被害の経験から受けた影響を尋ねる質問をしたところ、カスハラ被害を受けた人のうち約九割にあたる三万九一三二人が、心理的ストレスなどを感じたと答えている［桐生　二〇二〇］。

そのうち「軽いストレスを感じた」のは三五・五%（一万三八八三人）、「強いストレスを感じた」のは五二・九%（二万六八九九人）だった。一部の人にいたっては「精神疾患になったことがある」（三七五人）と回答している。調査を受けた半分以上が強いストレスに晒されていたことがわかる数字だ。

また、UAゼンセンが二〇二〇年におこなった調査を私が分析した際には、コロナの影響が

「ある」と回答した人の方が、「ない」と回答した人よりも心身の変化を経験していることがわかった。コロナ禍の影響を体感している人ほど、カスハラ被害で「繰り返しの恐怖」「睡眠不足」や「心療内科などへの通院」といった心身の変化を経験している。コロナ禍でカスハラの理不尽さが増し、より多くの人々が心身の不調をきたしてしまった。

「従業員を守ったり、ケアしたりすることを義務づける法律が欲しい」

企業で担当者たちが、しばしば私にかける言葉の一つだ。社内では表立って言うとリスクがあるから黙っている人たちもいるだろう。けれど、本心では多くの人たちが「悪質クレーマーをどうにかしたい」「対応した従業員たちをケアしたい」と切実に思っている。

企業によるメンタルヘルスケア

疲弊した従業員のハラスメントケアは、組織の資産を守り育てることにもなる。

従業員の目線から見たとき、カスハラは彼ら・彼女らが仕事を通して職場で体験する「従業員体験（Employee Experience）」の一つだ。「従業員体験」とは、従業員がその企業で働くうえで得られる体験のことを指す。職場での体験は、従業員の仕事に対する意欲に直結し、生産性や顧客満足度を大きく左右する。

カスハラ被害に遭い、問題を抱えた状態のまま働かねばならない場合、精神的なストレスによって仕事の生産性が下がれば、顧客満足度も下がってしまう。しかし、同じくカスハラ被害に遭った場合でも、職場のサポートを得られる状況だったらどうだろうか。

カスハラの加害と被害を認め、ケアしてくれて、今後のための対策も講じてくれる。そんな職場のサポートがあれば、被害に遭った従業員も安心できるし、職場に対する信頼も深まる。そうした人材は企業にとってなによりの資産になるはずだ。

「ワーク・エンゲージメント」という言葉を聞いたことのある読者もいるだろう。仕事にやりがいを感じ、仕事に熱心に取り組んでいる人は、イキイキとしている。仕事はもちろん、顧客もそうした従業員の接客や仕事ぶりに満足を得られる。従業員のメンタルヘルスケアは、従業員の意欲を向上させるだけでなく、顧客体験も向上できるのだ［島田、桐生　二〇二二］。

ここで注意が必要なのは、あくまでもメンタルヘルスケアの施策や対策は従業員目線で捉え、実施すべきだという点だ。

たとえば、売り場の従業員がカスハラ被害を受けたという報告に対して、企業側がお客様窓口を設置することで施策を講じたとする。これに被害を受けた従業員や同じ売り場で働く人たちは安堵《あんど》するだろうか？「現場に対応できる人を寄越《よこ》してほしい」「クレームとカスハラの線引きを明確にして、すぐに対応を切り替えられるようにしてほしい」といった現場の要望に応えられていなければ、上滑りな対策を立てただけで、意味はないだろう。

ポジティブ・メンタルヘルス・アプローチ

働いている人にとって、仕事は単なる生産活動ではなく、自分自身が成長したり、経験や学びを得られたりするきっかけでもある。仕事の意義や責任感、あるいは職場の人間関係やチームワーク、そして自分が所属する組織そのもののあり方などに関して、人は働きがいを感じたりする。

カスハラ被害は大きなストレスになるが、それに対して企業・組織側がきっちりと従業員をサポートできる体制があれば、従業員のメンタルヘルスを守るだけでなく、ワーク・エンゲージメントすら向上させることができる。従業員個人にとっての成長や成功は、組織にとっての資産の増加とつながっているのだ。

カスハラ被害が発生した場合、職場のサポートを得られずストレスを悪化させ、生産性も顧客満足度も下がってしまうケース（健康障害プロセス）と、すぐに職場が動いて的確なサポートを得られたことで結果的にワーク・エンゲージメントが向上し、顧客満足度も上がるケース（動機づけプロセス）がある。この二つのプロセスを分析したモデルは「ポジティブ・メンタルヘルス・アプローチ」と呼ばれている［Bakker & Demerouti 2007］。

このポジティブ・メンタルヘルス・アプローチに基づいた、組織で取り組むべきカスハラ対策には三つのアプローチがある［島田、桐生　二〇二二］。

①応対者の個人資源へのアプローチ

まずは、現場で対応にあたる従業員がカスハラに動じない心構えを持てるように、その対応力を養うこと。具体的には、ストレス・マネジメントやストレス・コーピングなどを学習することで、応対者が自身のセルフケアスキルを上げられるように組織がバックアップする。ストレス・コーピングとは、ストレスの基（ストレッサー）にうまく対処しようとすることを指す。ストレス源に対する考え方や感じ方を変えるトレーニングを受けることで、対応力が高まるだけでなく、従業員も自信を持って現場に立てるようになる。

もちろん、その方法は業種や業界によっても異なるし、応対者の状態や、組織や個人の状況によっても異なる。そのため、状況やダメージの段階に応じたセルフケアをおこなっていく必要がある。

②組織のハード資源へのアプローチ

先ほども触れたが、せっかく企業側がカスハラ対応をとったとしても、現場が求めているものとズレていては意味がない。現場からは、ハラスメント認定の線引きを明確にしてほしいという声、個人だけで対応させないチームビルディングを求める声が多い。人事部門や既存の産業保健活動の一環としておこなえるものもあるが、専門的なツールや知見を取り入れ、外部の専門家と一緒に新しいカスハラ対策の取り組みをつくっていければ、大きな前進となるだろう。

③組織のソフト資源へのアプローチ

カスハラ被害を受けても、職場の人間関係が良好であれば、被害者のメンタルヘルスや仕事のやりがいが悪化するとは限らない。周囲から具体的な支援を、あるいは理解や励ましといった情緒的サポートが得られる環境なら、被害者は心折れることなく高いモチベーションを持って仕事を続けられる。

そのためには、上司にあたる立場の人たち、管理監督者の教育にアプローチすることが有効だ。共感や傾聴力、アサーション力（対等に意見を交換するためのコミュニケーション力）を上げていく「思いやり行動向上プログラム」を実施するとよいだろう。職場内の雰囲気がよく、従業員が上司や経営陣の方針に対して共感できる職場を目指すのだ。

たとえば、「CREW（Civility, Respect & Engagement in the workplace）プログラム」と呼ばれるものがある。互いを知るための対話を中心に一回三〇分弱のセッションを重ね、職場の人間関係にアプローチすることで「礼節」「敬意」「エンゲージメント」を広げるという取り組みだ［Sawada et al. 2021］。

カスハラ被害の黙認は「ホワイトカラー犯罪」

黙認もまた罪である

カスハラは、客と従業員の間で起こる加害・被害でもあるが、同時に、従業員を守るべき企業（店）と従業員の間で起こる責任・権利の問題でもある。

日本では「ブラック企業」という言葉が二〇一三年にユーキャン新語・流行語大賞を受賞し、悪質な労働環境や条件が社会的に問題視された。これに伴い、労働基準法の認知度も高まった。同法では、労働者の人権を守るための規定が記されている。従業員に働いてもらう雇用主や企業は、雇用や就業に関して、差別やハラスメントはもちろん、労働を強制してはいけないし、過重労働・時間外労働を抑制するためにマネジメントする義務がある。

同様に、接客対応をする従業員や顧客窓口の担当者たちが客からのカスハラ被害を受けた場合には、その従業員を守る必要があるはずだ。この意味で、カスハラを黙認する企業は「ホワイトカラー犯罪」を犯しているとも言える。

ホワイトカラー犯罪

ホワイトカラー犯罪（White Collar Crime）とは、次のように定義される違法行為のことだ［新田 二〇〇三］。

合法的組織体活動に従事する者が、組織の利益目的実現の為に業務機構を活用し、あるいは私欲充足の為に自己の組織上の地位、役割、社会的信用を利用して犯す違法行為

生産現場で働く「ブルーカラー」の対義語の「ホワイトカラー」は、白い襟（Collar）のシャツを着る管理業務のような職種を意味している。頭脳労働や管理職、行政に携わる者や専門家などの立場にいる者が、その地位や権限を悪用しておこなう犯罪だ。

ホワイトカラー犯罪の主な罪種としては、「脱税」「偽造」「マネーロンダリング」「詐欺」「贈収賄」「損失隠し」「横領」「虚偽広告」「独占禁止法違反行為」などが挙げられる。個人情報への不正アクセスや、スパムメールによるフィッシング詐欺など、「サイバー犯罪」もホワイトカラー犯罪だ。

そして、社内や職業的な権限を使って「パワーハラスメント」「セクシャルハラスメント」をすることも、ホワイトカラー犯罪にあたる。カスハラの黙認も、これにあてはまって当然だ

ろう。

組織人による犯罪

ホワイトカラー犯罪は、暴力や殺傷行為が見られない犯罪のうち、とくに信頼関係や財産などを標的にしたものだ。組織を利用した犯行という点では、反社会勢力の犯罪と共通しているが、ホワイトカラー犯罪では公共社会で承認されている組織絡みという点で違ってくる。

反社会的集団に属する、あるいはそう自称している人は、それとは無縁の人から見てもわかりやすいはずだ。皆が皆というわけではないが、反社会性をアピールする装いや振る舞いが見られる。それに対して、ホワイトカラー犯罪者は一見〝普通の人〟に見える。犯罪心理学の視点でこうした人の性格を考えると、「組織の一員」であることがその人の個人的性格の特徴を変えていき、反社会的価値を内在化した社会的性格をつくっていると言える。平たく言えば、組織人であるために、悪いことにも手を染めてしまうのだ。ホワイトカラー犯罪に手を染める人は、「成功願望」「失敗恐怖」「組織忠誠心」が強い傾向があり、「成功したい」「失敗したくない」「会社のために」という思いから悪事を働き、同じ理由で犯行を合理化する心理的要因がある。

二〇二二年、かっぱ寿司を運営するカッパ・クリエイトの元社長が、前職の仕入れに関する営業機密を持ち出し、不正競争防止法違反で逮捕された。若くして役職に就いたエリートで、コロナ禍で打撃を受けた飲食業界での期待に応えなければならない状況を想像すれば、成功願望や失敗恐怖という心理的要因は十分に考えられる［日本経済新聞　電子版　二〇二二年一〇月七日］。

犯罪への無自覚さ

逮捕された前社長は、違法行為の自覚はなかったと供述している。役職に就いていた人物にその認識がなかったかについては疑問の余地が残るものの、悪いことをしているという思いがないまま、ホワイトカラー犯罪がおこなわれることは珍しくない。

というのも、上司からの命令や指示、教唆によってプレッシャーをかけられれば、心理的圧力に屈してしまい、本人は不本意でも逸脱行為に走らざるをえなかった……という事態は往々にして起きるからだ。

多くの場合、犯罪をおこなった自覚がある人は「なんてことをしてしまったんだ」「捕まるのがこわい」など、後悔や恐怖心で葛藤したりと悪行に伴う感情が沸き上がる。ところが、ホワイトカラー犯罪では、組織人たらんがために犯行に及んでいるため、その組織の反応に影響されやすい。「周囲からどう評価されるだろう」「周りの人たちにどんな感情を持たれるだろう」という思いばかりで、組織内の評価が最大の関心事になるのだ。

カスハラを見過ごし、被害者である従業員を切り捨てる企業も同じだ。プレッシャーに屈して「客に嫌われてはいけない」「悪評が立ったら大変だ」と、評価ばかりが重要視され、被害に対する責任や従業員への義務も、カスハラに加担している自覚もない。

ホワイトカラー犯罪の対策方法

では、こうしたホワイトカラー犯罪を防ぐには、どのような対策ができるのか。犯罪心理学の基本的な考えを思い出してみよう。「加害者」「被害者」「監視の有無」の三要素に加え、「時間・空間」が合致することがないようにしなければならない。状況に依存する「人間性悪説」の視点に立つことで、予防策を講じていくのだ。

ホワイトカラー犯罪者の特徴の「成功願望」の強さや組織への「忠誠心」は企業にとっては好ましいポイントだったりする。優秀な人や高い地位にある人、信頼の厚い人でも、手を染めやすいホワイトカラー犯罪に対しては「どんな人でも悪事を働くリスクはある」という考えに基づいて対策を講じねばならない。

個人が抱えていた原因、違法行為を許した状況的な原因、その行為に走らせた社会的な原因。こうした複数の要因は、実証的なエビデンスに基づいて明らかにすることができる。不正を防ぐシステムの構築とともに、ホワイトカラー犯罪を生み出さない組織へと体質を変えることが対策の要になる。

従業員を守り、消費者を育てる

エッセンシャルワーカーを支える

カスハラ被害を受けるのは、最前線で接客などをする「エッセンシャルワーカー」と呼ばれる人たちだ。

エッセンシャル（essential）とは「必要不可欠な」という意味を表す英単語で、エッセンシャルワーカーは「必要不可欠な仕事に従事する労働者」を示す言葉だ。病気や介護のほか、衣食住など生きていくために必要なものやサービスは多くある。コンビニやスーパー、そうした店で売られる商品を運ぶ運送業、医療や介護、さまざまな場面で私たちの生活を支える「必要不可欠な仕事」をしている人たちがいる。コロナ禍の緊急事態宣言下でも、通勤して職場で働かねばならない職種の人たちが注目されたことで、この言葉は日本でも広く知られるようになった。

そんな従業員たちは、真っ先にカスハラと直面する人たちでもある。土下座事件でも見られるように、マニュアル対応だけでは被害は拡大してしまう。カスハラ加害者のタイプを知り、具体的な対応をとる必要がある。ここでは数例を挙げよう。

被害意識を落ち着かせる

ドラッグストアで働きはじめたFさんが棚の商品を補充していると、突然の罵声に驚いた。

「お前ふざけんなよ！　なめんなよ！」

Fさんよりもずっと年上に見える男性客の言葉は支離滅裂だ。身の危険を感じてパニックになりかけたFさんだが、すぐさま先日受けた指導を思い出した。

（そうだ、まずは「そんなにビックリしないでも大丈夫」――そう自分に語りかければいいんだっけ）

ビックリはしたが、心のうちで呪文のように唱えると、心なしかさっきよりも気持ちが落ち着いてきた気がする。男性客の向こうに他の従業員や客の姿も見える。先輩が待機しているのが見えて、Fさんは冷静さを取り戻した。

客はすごい剣幕で怒りつづけている。先ほどから「なめるなよ」「お前のせいで」という言葉も何度か聞こえてくる。こういうタイプは「自分が危害を加えられている」と思っているタイプのはずだ。

「いつもご来店ありがとうございます。いかがなさいましたか？」

Fさんが落ち着いた声でそう言うと、怒鳴っていた客は少し驚いた顔をしながらも、荒らげていた声は幾分小さくなった。

客の話を聞くと、ポイントアップキャンペーンを知らずに購入したことで、自分が損をしたことに腹を立てていることがわかった。それを知らせなかったのは自分をバカにしているからだという思い込みで攻撃的になっているらしい。

こういう被害意識の強い人は、自分が損をしたのは店の悪意や敵意のせいだと思って攻撃的になっている。こういうタイプには、怒らせたり、被害意識や被差別感を煽《あお》ったりすると悪化するので、応戦せず落ち着かせるべきだ。

「おっしゃることはごもっともです」

決して差別的な態度をとっていないことを示すのも、このタイプには大切だ。Fさんは、穏やかに言葉を続けた。

「お客様にはいつもご利用いただいて感謝しております。もちろんポイントアップもさせていただきますから、商品とレシートをいただけますか？　カードをお忘れでもご登録いただいている電話番号でポイントを付与させていただきますね」

Fさんの態度と対応に、客も「そう？」と拍子抜けしている。レジでポイントをつけると「さっきは悪かったね、騙されたようでついね」と謝罪する客に、いま一度Fさんは「ごもっともです。いつもありがとうございます」と共感を示し、セール予告のチラシも手渡した。

もちろん、こうした応対はやれと言われて早々にできるものではない。人から怒鳴られる、罵声を浴びせられることは、多くの人にとっては本来あまり経験のないもので、恐怖で身がすくんだり脈拍数が上がってドギマギしたりするものだ。そのため、研修や指導を通して「怯えなくてもいい」という認識を持ち、冷静に応対にあたることを身につけるだけでも、心持ちに大きな変化がある。「毅然《きぜん》とした態度をとる」場合も、客のタイプに応じたアプローチがある。この判断も瞬時にできるものではないから、学ぶだけではなくトレーニングをすることで、現場でも実践できるようになる。被害経験を積むのではなく、プログラムやトレーニングの経験を通して身につけてほしい。

「責任取ってくれるよね？」への戦法

カスハラは、こちらの想定をはるかに超えてくるケースも多い。

加害者の四タイプの攻撃性のなかで「制裁・報復」としての攻撃性にあたるタイプは、「自分が正義」「責任は相手にある」と信じる傾向が強い。『コールセンターもしもし日記』（フォレスト出版）の著者で、コールセンターに勤めた経験を持つ吉川さんもこのタイプのカスハラの体験を著書で紹介している［吉川　二〇二二］。

そのクレーマーは、吉川さんのミスを誘って間違った案内をさせ、後日言いがかりをつけてきた。吉川さんは事実を確認し、揚げ足取りだとわかっていても真摯に謝罪している。

「間違った案内をしてしまい、申し訳ございませんでした」

「そうだよね。間違ったこと言ったよね。認めるよね。責任取ってもらえるよね？」

カスハラの刑事事件でも多数見られた「責任取ってもらえるよね」という言葉。不当な要求をする加害者たちの常套句だ。真面目に働く人は自分にミスがあると、つい「自分のせいだ」と思いこんでしまう。吉川さんも、カスハラ常習犯と思しき加害者の罠に落ちそうになる。

「私にできることがあればやらせていただきますが、どのようなことでしょうか？」

「どのようなことでしょうかって、自分で考えてわからないの？　あんたバカじゃないの？」

言葉に詰まってしまった吉川さんに上司を出せと客は息巻く。ところが、管理者が代わった途端、吉川さんに対する態度とは一転し、形勢は逆転する。

「責任とはどのようなことでしょうか？　間違った案内をしたことについてはお詫びします。ただ、どのような責任でしょうか。金銭的なことでしたらお断りします」

呆気なくカスハラ加害者は撃退されて、電話はすぐに切れたという。同じように、加害者が相手の落ち度を理由に不当な要求を正当化しようとするケースは、土下座事件でも見られた。対面で直に加害者と立ち向かわねばならない応対者の場合は、相手との物理的距離を保つこと、迷わずに状況を周りに伝えてサポートを求める行動を取ることも十分に意識してほしい。

とくに「制裁・報復」タイプの攻撃は、融通性のなさや偏った信念、執拗さが人格特性として見られるので、腰を低くして懇切丁寧に説明をしても通じないどころか、かえって悪化させかねない。理論整然と説得を試みても逆ギレされたり、逆恨みから攻撃が過激化するおそれもある。「その件につきましては、法律に詳しい者に相談いたします」など、保留によって状況を一度打ち切る逃げの戦法も有用だ。

物理的な距離をとるべし

とあるスーパーのレジでの光景だ。白髪混じりの髪を綺麗に撫でつけ、品のいいスーツを着て銀の腕時計をつけた男性がレジ会計の前に立っている。一見すると年収高めの中高年といったところだ。が、突然ドンッとカウンターに拳を叩きつけ、目を剝き鬼の形相でレジを打つ女性に大声をあげる。

「一体どうなってんだ、この店はあっ！」

泣きだしそうな顔で「申し訳ございません、すぐに責任者を」と女性は頭を下げるが、男性は鼻息荒く腕を振り上げた。他の客も恐怖で縮こまる。

「まずは土下座だろうが！」

ガンッとカウンターを蹴りつけ、すかさず携帯電話を取り出し、女性の鼻先に振りかざす。

「十万円出せ！　ネットに書くぞ！」

「お客様！　落ち着いてください！」

「おい！　バカにしてんのか！」

怒号とカウンターを蹴りつける音が店内に響き渡る。

この緊迫感あふれるカスハラシーンは、UAゼンセンが制作した動画の一つ「悪質クレーム対策★『悪質クレームを、許さない』by UAゼンセン」で描かれているものだ。動画では「強要罪」「威力業務妨害罪」「暴行罪」という文字に続き、女性が冷静な声で「お客様、お会計はこちらになります」と示す先に、「3年以下の懲役または50万円以下の罰金」の文字。

カスハラ加害者に年収の高い中高年男性が多いのは先述のとおりだ。怒鳴って威嚇し、有無を言わせず要求をのませようとするのは「影響・強制」としての攻撃タイプだ。現場でこんなカスハラと直面したら、なによりも先に加害者との距離をとるべきだ。物理的距離があることは自分を守るだけでなく、加害者側にとっても攻めきれない状況をつくることができる。

動物は優位性を誇示するために物理的距離を奪うマウンティング行為を見せるが、喧嘩腰な客から売られた勝負やマウンティングプレイには「物理的・精神的に付き合わない」という認識を忘れず、距離をとる。そして「しばらくお待ちいただけますか」と声をかけてから、他の人のサポートを借り、粛々と妥当な対応を続けることだ。

また、自分が優位にあると思って攻撃してくる加害者の場合、その優位性を揺るがす相手の登場も有効だ。女性従業員を狙う男性客ならば男性の従業員を、バイトや若いスタッフなど立場の弱い人を狙う客ならば裁量権を持つ従業員や法的措置を決定できる人物の登場で加害者側も気がそがれるか、狙い通りにならないとわかって撤退するだろう。


あなただったらどうする?


最後に、あなたならどう対応するかを考えてみよう。

あなたは、小さな製菓会社のお客様窓口で働く新人だ。通販がメインで、従業員数も少ない会社だが、動物型の駄菓子を詰め合わせた商品がヒットして問い合わせが急増している。しかし、クレームの電話もかかってくるようになった。

「先日届いたお菓子、一つ形が欠けてたんですけど」

いまあなたが対応している女性は人気商品のリピーターで、今回買った袋のなかの一つが欠けていたそうだ。商品に問題があった場合は、実物を送付してもらって調査する決まりだが、女性は食べきったあとだった。

「他の人が買っても不揃いな可能性があるんですよね?」

「ご不快な思いをさせてしまい申し訳ございません。焼き菓子のため、どうしても焼く工程で形にばらつきは出るんです」

「私は可愛くて品質のいい物しか紹介しないんです。だからフォロワーも支持してくれてるのに、これじゃ失望されちゃう」

女性はどうやらお気に入りの菓子をSNSで紹介しており、一定のフォロワー数を獲得しているらしい。あなたの謝罪に女性は溜め息をつき、苛立《いらだ》つ声で続ける。

「ちゃんと対応してください！　前に他のお菓子屋さんで文句言ったら、家まで来て頭下げてセット商品をもらったんですけど。おたくも同じことくらいしたら？」

どうやら自宅での謝罪と手土産を期待しているようだ。健康被害などの緊急性もとくにないクレームだし、現物の確認も難しいので、社内ルールでは対応できない。

「申し訳ないのですが、お聞きした内容ですとご希望にはお応えいたしかねます」

「なんで？　お金くれって言ってるわけじゃないし、誠意が足りないですよね。それくらいしてもらわないと皆に紹介した私も申し訳が立たないでしょ！」

さて、あなたはどうするだろうか。

読者のなかには、食品メーカーへのクレームの結果、贈呈品をもらった経験がある人もいるかもしれない。菓子メーカー業界でも、お詫びに菓子の詰め合わせを渡す悪しき慣行があった。

大手企業なら安く済む「神対応」をクレーマーに求められ、人手のない中小企業は苦しめられてきた。そのため、二〇一七年に「現物がなければかわりの商品を送らない」というルールが業界全体で決められた経緯がある〔弁護士ドットコムニュース　二〇二二年一一月六日〕。

今回のケースでのポイントは「フォロワーからの信用を守る」「センスがよいイメージを守りたい」という心理的側面が見られることだ。ここには「自己呈示」としての攻撃という特徴がある。「対面やプライドへのこだわりが強く、注目されたい」人には、「神対応」よりも、その人が大事にしているものに敬意を示す方が態度の軟化につながる。どんな客でも同じ対応をとっていることを理解してもらいながらも、敬意や感謝を重ねて伝えるのが効果的だ。

それを知っているあなただったら、次のように答えるはずだ。

「ご愛食だけでなくご紹介までしていただき、誠にありがとうございます。ご対応できたらと思うのですが、実物が確認できない場合は対応できない決まりなんです。ご期待にそえず申し訳ございません」

「……そう。でも他の人たちもガッカリしたら私も辛いんだけど」

「ご心配をおかけして申し訳ございません。検品を含めて今後の見直しに努めるよう、いただいたご意見を関連部署に伝えます。必要があれば、ご紹介から購入してくださった方々にも届くよう、弊社のホームページやSNS上で説明も加えるようにと伝えておきます。貴重なご意見を誠にありがとうございます」

「たしかにそれなら皆も納得してくれるかな……」

「ありがとうございます」

誰だって怒鳴られたり責任を追求されたりすれば、ストレスを感じるものだ。しかし、前提知識やタイプごとの応対方法がわかっていれば、闇雲に怖がらずに済むだろう。より詳しい対応については、巻末のマニュアルをご参照いただきたい。

消費者を支援するアプローチ

それでは、消費者という立場にある人たちにはなにができるのか。「カスハラをしない」と言ってしまえばそれまでのことだが、それで済むなら犯罪は起きない。犯罪を抑止する手段の一つが教育でもあるように、消費者の自立を支援するアプローチの一つに消費者教育というものがある。

国際消費者機構は「消費者の八つの権利」と「消費者の五つの責任」を提言することで、消費者自身が、人や環境にやさしい商品を選び、よく考えて購入し、必要がないサービスは断る自覚を持つように促している［消費者庁　二〇二〇］。

・消費者の八つの権利
生活のニーズが保証される権利／安全への権利／情報を与えられる権利／選択をする権利／意見を聴かれる権利／補償を受ける権利／消費者教育を受ける権利／健全な環境の中で働き生活する権利

・消費者の五つの責任
批判的意識を持つ責任／主張し行動する責任／社会的弱者への配慮責任／環境への配慮責任／連帯する責任

賢い消費者とは、社会的責任も負う大人であることが窺い知れる。こういった意識の変化は決して絵空事ではない。たとえば、「エシカル消費（倫理的消費）」という消費行動も近年では話題になっている。環境問題や社会問題に取り組む企業の製品・サービスを購入して支援することもエシカル消費だ。もっとシンプルなものなら、エコバッグを使ったり、食品ロスやゴミを減らしたりといった行為もエシカル消費につながる。社会的な責任のもと、自発的に選び、行動している消費者は増えてきているのだ。

次世代のための消費者教育

自分の欲しい商品やサービスが手に入る社会をつくるために、消費者としてできることは多い。消費者としての権利を履き違えず正しく知り、責任に基づいた消費行動をとる。欲しいものが得られなかったり、不愉快になったりした場合も、カッとなるのではなく、社会人として適切な態度をとる。

たとえば、最低限の感情のコントロールを身につけるだけでも、本人も周囲もより生きやすくなるし、他人との関わり方にも大きなプラスになる。感情は、喜怒哀楽に限らず、猜疑心や落ち込み、他者に感謝することなどさまざまな心のあり方が含まれる。そうした自分の気持ちの変化を知ることは、自分自身を知ることでもある。すると、相手に対する敬意や思いやる行動も起こせるようになる。

日本カスタマーハラスメント対応協会では、消費者を支援するアプローチの一環として、公益財団法人「セコム科学技術振興財団」の科学技術振興事業助成を受けて「次世代のための消費者教育」を小冊子にしている。働く現役世代だけでなく、成人を迎える前の中高生にも学んでもらえるようにつくったものだ。教育機関で配布することでカスハラを知ってもらい、消費者としてあるべき姿を考えるきっかけになる内容を盛り込んでいる。

Q. あなたがもっとも印象に残っているクレームをおこなったあと、
あなたの心身の状態になにか変化がありましたか？（複数選択）
(n=924)

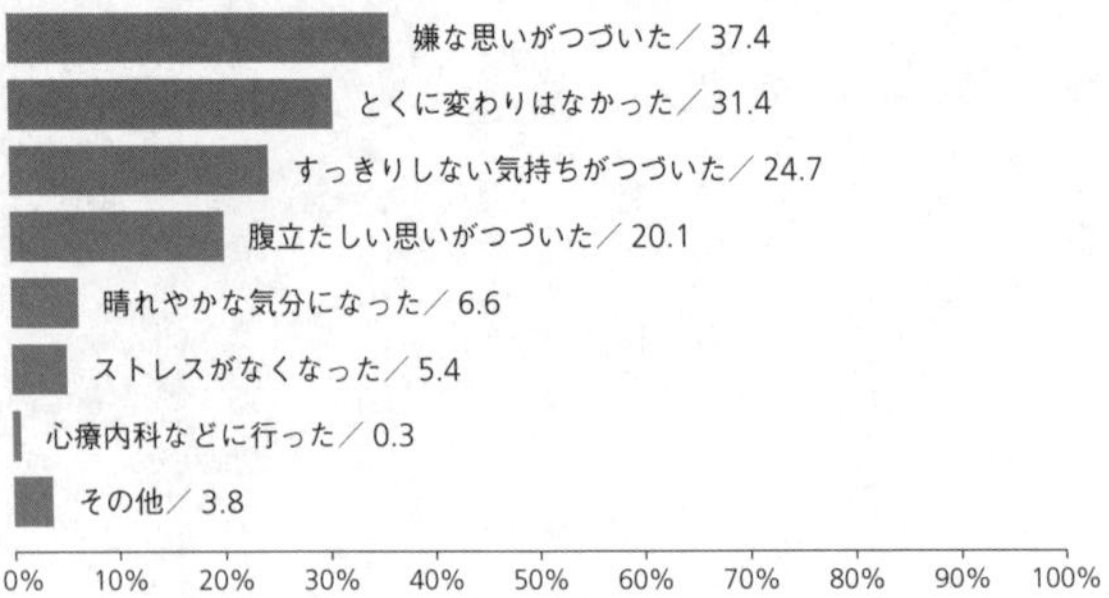

図10　カスハラ加害者へのアンケート結果

クレーマー自身も「嫌な思い」を引きずる

意外かもしれないが、カスハラによって傷ついているのは被害者だけではない。悪質なクレームをつけている本人でさえ、心身の状態がネガティブになることが、調査結果からも明らかになっているのだ。**図10**は二〇二〇年におこなった「クレームの経験に関する調査」で、「あなたがもっとも印象に残っているクレームをおこなったあと、あなたの心身の状態になにか変化がありましたか？」を回答者に尋ね、その結果をグラフ化したものだ［桐生　二〇二二］。

これを見ても明らかなように、「晴れやかな気分になった」「ストレスがなくなった」といったポジティブな状態になったという回答は少ない。むしろ「嫌な思いがつづいた」「すっきりしない気持ちがつづいた」「腹立たしい思いがつづいた」といったネガティブな状態を引きずる答えの方が多い。カスハラは、文字どおり誰も得をしないのだ。

カスハラの経営リスク

宮中モデル

企業がカスハラ対策をおこなうには、一定の予算の確保が必要になる。そのコストを敬遠して、乗り気でない企業もあるはずだ。

そこで、心理学者でありデータサイエンティストでもある宮中大介さんは、カスハラの経営リスクを分析し、カスハラがもたらす経済損失を可視化するモデルを提案した。このモデルでは、カスハラの被害を受けた経験によって従業員が休職・退職した場合、どれくらいの規模の経済損失がその企業から出るのかを推計することができる。ここでは仮に「宮中モデル」と呼ぼう［島田ほか　二〇二二］。

カスハラが原因で企業に経済的な損失が出る経路は、従業員の病気休職・退職に限らないものだ。カスハラ加害を目撃した他の顧客が離れてしまったり、企業倫理の低さから顧客流出が起きたりすることもある。あるいは、カスハラを受けている仕事仲間を目撃してストレスを感じたり、誰も助けない職場に対する不信感が募って職場全体のやる気や生産性が下がってしまうケースもある。

業界や企業規模や業態、カスハラ加害者のタイプなどによって、損失は異なってくる。そのため、宮中モデルでは、まずはすべての企業が体験する共通項でもある、「カスハラ被害を経験した従業員の休職・退職」に絞って、経済損失を推計している。

カスハラで休職・退職者が出た場合の経済損失

被害経験で休職・退職する従業員を出した企業が被る経済損失額は、次の数式によって推計できる。

カスハラが企業にもたらす経済損失
= カスハラが原因で病気休職・退職した人数 × 病気休職・退職によって発生する一人あたりの経済損失

単純明快な数字だが、実際には「カスハラが原因で病気休職・退職した人数」も「病気休職・退職によって発生する一人あたりの経済損失」ももっと複雑だ。

カスハラが原因で病気休職・退職した人数

「カスハラが原因で病気休職・退職した人数」を知るには、カスハラ被害経験で病気休職・退職した従業員の割合がわかればよい（式1）ので、病気休職・退職した従業員の割合からカスハラ経験がない休職・退職者割合を引けば、この数字が出ることになる（式2）。

（式1）カスハラが原因で病気休職・退職した人数
＝　企業の従業員数　×　カスハラ被害経験で病気休職・退職した従業員の割合

（式2）カスハラ被害の経験によって病気休職・退職した従業員の割合
＝　カスハラを経験し、病気休職・退職した従業員の割合　－　カスハラ経験はなく、病気休職・退職した従業員の割合

ところが、これもそう簡単にわかるものではない。というのも、実際にはカスハラ被害を受けた従業員もすぐに休職・退職するのではなく、頑張って働きつづけながらも、本人の自覚なく徐々にモチベーションや生産性が下がっていった結果、仕事から離れることになるからだ。そのため、病気休職・退職者のカウントが増える瞬間は「仕事が理由で病気になった」という

結果だけが見え、カスハラ経験の影響が見えづらくなる。

そこで宮中モデルは、「ストレスチェック」を利用することで、こうした見えづらい因果も把握できることを示唆している。読者のなかには、職場でストレスチェックがおこなわれている人もいるかもしれない。これは、五〇名以上の事業場では年に一回以上の実施が法的に義務づけられている検査のことだ。従業員のメンタルヘルス状況を把握するためにおこなわれる。国から助成金も出ているので、従業員数が五〇名以下の事業場でも経営リスクが重視されていれば、実施しているところもあるだろう。

厚生労働省は「職業性ストレス簡易調査票」と呼ばれる五七項目の質問を従業員に尋ねる調査を推奨している。一般的にもよく利用されるものだ。仕事のストレスの原因や心身の不調に関する自覚症状、周囲のサポートなどを調べる質問項目が並ぶのだが、この回答結果をもとにストレス度合いを測っていく。その結果、ストレス度のおよそ上位一〇%が「高ストレス者」として要注意対象になるのだ。

このストレスチェックをおこなう際に、カスハラ被害の経験も確認して回答してもらえれば、離職者のカスハラ経験の有無を容易に知ることができる。そうすれば（式２）に必要な数字も把握できるようになるという。

（式3）カスハラ被害を経験した病気休職・退職した従業員の割合

＝　ストレスチェックの高ストレス者のうち病気休職・退職した従業員の割合　×　カスハラ経験のある高ストレス者の割合

※カスハラ被害の経験のない病気休職・退職した従業員の割合も同じ式から算出できる

病気休職・退職によって発生する一人あたりの経済損失

「カスハラが原因で病気休職・退職した人数」が出れば、あとは「病気休職・退職によって発生する一人あたりの経済損失」を掛け合わせればいいだけだ。

ところがこれも単純なものではない。休職・退職によって実際に出ていった費用だけならばわかりやすいのだが、病気休職者・退職者が出れば当然ながら人手が足りなくなってその分の生産性の低下による損失、他の従業員のオーバーワークによる損失も出てくる。こうしたものを金額に換算し、合算していくことで、ようやく一人あたりの経済損失がわかる。

さらには、従業員が退職した場合、新たに人を雇う必要も出てくる。そうなれば、人材獲得までに至る費用（人材紹介会社や採用面接に関わる人件費）も発生する。人材を確保できても、この新規採用された従業員も一日目から離職した人と同じ働きができるわけではないので、研修を受講したりスキルを身につけることになる。その間の損失は企業側の負担になる点も忘れてはならない。

従業員が病気休職した場合も、休む以前から生産性が下がっていると考えられるため、その間も企業側には損失負担が発生していることになる。休職者へのフォローにかかる人材費もあるし、産業医や保健師といった専門家による復職支援もおこなっている企業なら、そのぶんの負担額も乗算することになる。復職後、徐々にその従業員が仕事へ戻れるようにサポートする期間のことも忘れてはならないだろう。

カスハラは想像以上の損失を生む

さて、ここまでの内訳を眺めただけで「カスハラ対策にお金を投資した方がよほど安く済むのでは?」と思った読者も少なくないだろう。

そもそも、カスハラ経験を問わず、仕事が原因でメンタルヘルスの不調を訴える人も、それが原因で離職する人も年々増えている。二〇二〇年に厚生労働省がおこなった「令和二年 労働安全衛生調査(実態調査)」によれば、現在の仕事や職業生活に関して強い不安やストレスとなっていると感じる事柄が「ある」と回答した人は、回答者全体の半数を超える五四・二%もいた。

内閣府の「男女共同参画会議　仕事と生活の調和（ワーク・ライフ・バランス）に関する専門調査会」が二〇〇八年にまとめた資料によれば、年収約六〇〇万円の社員一人が半年間休職した場合、企業が支払うコストは約四二二万円になると計算している。カスハラ被害者を守れない職場では、周りの従業員たちのモチベーションも下がり、メンタルヘルスに不調を抱えるリスクも依然高いままだ。そのため、休職・退職ラッシュが発生することは想像に難くない。国税庁の「令和3年分　民間給与実態統計調査」によれば、日本人の平均給与は四四三万円。この年収に置き換えて先ほどと同じ計算をすると、カスハラが原因で半年間に休職した年収四四三万円の人が五人出れば、約一五五八万円の損失が出る計算になる。カスハラ対策に注力した方が、よほど経済的ではないだろうか。

対症療法

「通話を録音させていただきます」

カスハラ対応については、法整備に基づいた根本的な対策が望ましいが、現場や企業レベルでは対症療法をとることも同様に大切だ。

企業によってはマニュアルをつくったり、専門家を交えて研修などをおこなっていたりする。

こうした対症療法をとる際には、器材などのツールを使うことも有用だ。

たとえば、顧客窓口専用電話では、受け付けの前に「サービス向上のために録音する」というメッセージを流すようにしたところ、客からの暴言が減っている。「証拠が残る」と思うと、第三者という監視者の目を想像して、人は振る舞いを正すのだ。こういった通話の録音は告知の要素だけに留めず、データベース化することで、カスハラやクレームの分析にもつながり、今後の予防や商品・サービスの向上にも役立てることができるだろう［弁護士ドットコムニュース二〇二二年二月八日］。

データベースからわかること

マーケティング分野の研究では、従業員が使う言葉を変えるだけでも顧客満足度が向上することが明らかにされている。この研究では、一〇〇〇件以上の客と従業員の会話をテキスト分析し、その結果に基づいて実験をおこなった。結果、従業員が抽象的な言葉よりも具体的な言葉を選んで話すだけで、客はより満足して買い物をすることが報告されている［Packard & Berger 2020］。

この研究のおもしろいところは、些細な違いにしか思えない言葉の違いでも、客の態度が変わることが実証的に明らかにされている点だ。この研究もデータ・実験も英語圏のものなので、代名詞を多用する文化である背景の違いはあるが、言葉選びからその人の態度が透けて見えるという点で参考になるはずだ。
例としては、客が店でシャツを買おうとしている場面が挙げられている。シャツを買いに来た客に向かって、販売スタッフが客の買いたいものを示す言葉を口にする際、具体性の高い「シャツ」、逆に抽象度の高い「それ」、その中間「アイテム／衣類」という言葉を選ぶことになる。

客…「すみません。シャツが欲しいんだけど、どの辺にありますか？」
接客応対者の返事…
①「いらっしゃいませ。男性用シャツなら向こう側にございます」
②「いらっしゃいませ。それなら向こう側にございます」
③「いらっしゃいませ。衣類は向こう側にございます」

ちょっとした違いでしかないが、不思議と「男性用シャツ」と言われると、「こちらが欲しいものをわかってくれている」と安心できる。「それ」や「衣類」では、言われた先にちゃんと自分が探しているものがあるのか不安が残る気がするし、もし以前に探した挙げ句に欲しいものが見つからなかった経験をしていれば、不快になったり買うのをやめてしまったりする可能性が高くなる。

たった一つの言葉選びだけで見ても、具体性を示す言葉を使って話をされると「こちらの話・要求をちゃんと理解して、対応してくれている」と客は思う。耳を傾けている態度が言葉によって伝わるのだ。

コラム④　AIを用いたカスハラ対策

犯罪捜査で使われるポリグラフ検査

カスハラに目を瞑《つぶ》る行為はホワイトカラー犯罪にあたると書いたが、ホワイトカラー犯罪者を鑑定するときにもテクノロジーは活躍している。その一例がポリグラフ検査だ。

ポリグラフ検査とは、心電図や皮膚電気反応、呼吸運動などを測定しながら犯人の記憶を測定する検査のことを指す。生理心理学に基づきながら測定し、犯罪心理学と組み合わせるポリグラフ検査の検出成績は高く、日本では実際の犯罪捜査の場面でも重要視されている。犯人しか知らない事件内容についての記憶を、生体情報モニタの結果をもとに数理的に判定していく科学的な鑑定法で、容疑者だけではなく、その他の人が犯罪に関わっていないかを確認するためにも使われている。よくドラマや映画で、まるで脈拍数だけでウソがバレるかのような描かれ方をされることもあるが、実際はもっと複雑だ。

かつて私が勤めていた科学捜査研究所でも、警察から依頼され、ポリグラフ検査の鑑定をおこなっていた。検査をする者は、呼吸や心拍、皮膚の電気活動といった生理反応を見て、事件の記憶があるかどうかの鑑定をおこなう。フィクションでは汗を浮かべる被疑者とつながる装置の針が大きく乱れて「お前がやったんだな！」と検査担当者がつかみかかるイメージがあるが、これは間違いである。いまはデジタル化されて針のようなものもないし、呼吸や心拍が乱れるのではなく、反応が抑制されることで「記憶あり」と判断される。スリルはまったくなく、人によっては被験中に居眠りさえしてしまうこともある。

犯罪から心と生活を守るＡＩの活用

ポリグラフ検査を可能にしている生理心理学の知見とＡＩ技術の活用によって、犯罪予防の取り組みもおこなわれている。カスハラ対策への応用にもつながるので、富士通株式会社と兵庫県尼崎市と私（東洋大学）の三者でおこなっている共同研究を一例として紹介したい。

二〇二三年が明け、ほどなくして「ルフィ」という名が連日報道されることになった。日本の大人気漫画のキャラクターを思い出す読者もいるだろうが、まったくの別人である。ルフィを名乗る犯人が関与した特殊詐欺などの犯罪の全貌が明らかとなって、日本中が震撼《しんかん》した。警察庁によれば、こうした特殊詐欺は、全国の認知件数も年々増えつづけている。二〇二一年の調べでは、前年に比べて九一一件も増加し一万四四六一件となっている。なかでも六五歳以上の高齢者を標的とする特殊詐欺の割合八八・二％で、特殊詐欺が高齢者を標的にしていることは明白だ。

兵庫県の尼崎市では、警察や防犯協会などと連携して、これまでもATMのパトロールをするなど特殊詐欺対策を強化してきた。それでも深刻化する特殊詐欺に対し、さらなる対策に向けて取り組むことを決めた。そこで、特殊詐欺被害を未然に防ぐべくタッグを組んだのが、富士通と、犯罪心理学の研究を続けてきた東洋大学だ。こうして、特殊詐欺を高精度に検知する特殊詐欺推定AIモデルの開発を目指す研究がはじまった。AIと犯罪心理学を活用し、特殊詐欺を未然に防ぐという、日本初の取り組みだ。

この特殊詐欺推定AIモデルは、富士通が開発した「ヒューマンセンシング技術」という感情を推定する行動分析技術（Actlyzer）と、犯罪心理学に基づいた分析と見地を使うことで、高齢者を狙う特殊詐欺を検知するものだ。将来的には、詐欺の電話を受けた際の表情や声色をAIモデルが分析し、犯罪性を検出できるようにする。近未来的にも聞こえる話だが、やっていることは地道なもので、精度を上げるために実証実験も重ねている。凶悪化・深刻化する犯罪に対し、守る側の知見と技術も進化している。先進技術は、このように技術開発と現場とロジックが結びつくことで初めて現実世界で本領を発揮できるようになるのだと私は思っている。

特殊詐欺シーンにおける加害者と被害者との関係性に焦点を当て、より具体的で効果的な防犯対策を提案していくことは大事だ。とくに、この研究では、これまで研究が進んでいない被害者側の心身の変化に注目することで、AIによる特殊詐欺での予防介入の実現を目指すことが、これまでの対策とは違う点だ。言い換えれば、被害者の心情に寄り添った、これまでにない温かな特殊詐欺対策とも言えるだろう。

同じように、被害者の心に寄り添い、従業員が安心して安全に気持ちよく働けるようにするカスハラ対策も、AIによって実現可能なはずだ。そのために私たちも日夜、研究を続けている。分野や立場を超えて、企業と技術と知見が結びつけば、AIが従業員をカスハラから守る未来もすぐにやってくるだろう。

カウンセリングを手伝うAI

宮中モデルの宮中大介さんは、心理学とデータサイエンスを活用したカスハラ対策を提案している。その一つとして、カスハラ被害について当事者同士が相談できる掲示板の運営が挙げられている。

摂食障害やアルコール依存症に悩む人たちが、実名または匿名で、互いに悩みや問題を分かち合い、支え合う自助グループの様子を海外ドラマや映画で目にしたことのある人も多いかもしれない。カスハラ被害の相談も同じように、客からのクレームなどのストレスに日々晒されている従業員が、特定の人しか見たり使ったりすることのできない限定掲示板を使って、匿名で相談内容や意見を書き込めれば大いに役立つはずだ。職場で周囲に相談しても「あなたがまだ未熟だから」「丁寧な接客を」と言われるばかりで、孤立したり離職を考えたりしているような人でも、掲示板を通して理解者を得て解決への糸口を見つけられる。

加えて、カスハラ被害を含めたメンタルケアの専門家の目と力も不可欠だ。自助グループでも対話を促したり、様子や過程を見守り、手助けが必要な人に声をかけたりするカウンセラーがいるように、カスハラ対策掲示板でも書き込みから心身の状態を見て、カウンセリングなどのサポートが必要だと判断されるケースもあるだろう。ここで円滑にサポートできるように手助けをするのがＡＩだ。

最近では、アマゾンなどをはじめ、問い合わせチャットでもＡＩが活用されている。自分が知りたいことが書かれたページに案内してくれたり、尋ねたい内容がすでに出されているＱ＆Ａページを出してくれたりする。カスハラ対策掲示板でも同様の働きをして、いち早く解決する手助けをしてくれるだけでなく、機械学習によって、ＡＩが書き込みの傾向からメンタルケアが必要な人を見つけ出したり、簡易的なやりとりや定型的なコメントを返したりすることもできるようになるだろう。それによって、より複雑なやりとりやサポートが必要なケースに人間のカウンセラーが集中できるようにもなる。人とＡＩが一緒にカスハラ被害者をサポートできる仕組みで、より多くの従業員の心身をサポートすることができるだろう。

コールセンターでのAIの活用

コールセンターでは、チャットボット（AIを用いた自動応答システム）の導入もはじまっている。二四時間応対、オペレーターの負担軽減、デジタルネイティブにとっての問い合わせのしやすさ、問い合わせのダイレクトなデータ化といった利点がある。

しかし、現状チャットボットで対応できる範囲はそれほど大きくない。カスハラについては、チャットボットの後に応対する人とのやり取りが肝心になるだろう。また、対面による接客の場合は、AIの活用による防止は、いまのところ困難である。

新たな可能性として、Stable Diffusionや、Chat GPT、bing AIチャットなどの「ジェネレーティブAI（生成AI）」が、カスハラに対して大きな役割を果たすかもしれない。生成AIは、自動でテキストや画像などを生成できるという特徴を持つ。近い将来、生成AIを搭載した接客用ロボットが出現し、カスハラを未然に防いでくれるかもしれない。

第五章　カスハラ防止法案という希望

厚生労働省のマニュアル

従業員を守ることは事業主の義務

現在、セクハラやパワハラなど、職場におけるハラスメントに対する法規制があることは多くの人が認識しているだろう。セクハラやパワハラが社会問題として世間で知られるようになったあと、二〇一九~二〇二〇年にハラスメント規制法で知られる「改正労働施策総合推進法」が制定・施行された。職場におけるハラスメントを防止するために、事業主が雇用を管理するうえで必要な措置を講じることが義務となったのだ。

職場における優越的な関係を悪用したハラスメントは、上司・部下の間でのハラスメントに限ったものではない。言うまでもなく、立場の弱い従業員に対する優越感を持った〝お客様〟が、不当な要求をしたり、罵詈雑言を浴びせたり、脅迫や暴行をしたりするカスハラも、同じくハラスメントにあたる。

こうしたカスハラに対して、適切な対応をとるためのマニュアルが二〇二二年に発表された。本書でも何度か言及している「カスタマーハラスメント対策企業マニュアル」だ。

このマニュアルは、二〇二一年一月二一日から四回にわたって開かれた「顧客等からの著しい迷惑行為の防止対策の推進に係る関係省庁連携会議」という会議を経て、発表されたものだ。

第一回では、主に労働者団体からのヒアリングと介護分野での取り組みの事例について話された。第二回では、全国スーパーマーケット協会、日本民営鉄道協会、全国消費者団体連絡会、日本消費生活アドバイザー・コンサルタント・相談員協会からのヒアリングもおこなわれた。第三回は消費者庁や厚生労働省、警察庁等の各課がオンライン上で、「職場のハラスメントに関する実態調査結果」を共有し、周知方法などを含めた「企業及び業界における効果的な防止対策」のあり方が話し合われた。そして第四回で対策企業マニュアル案が出されたのだ。

どこからがカスハラなのか

単なる苦情なのかカスハラなのか、その線引きは難しい。

対策企業マニュアル案が出された四回目の会議でも、消費者庁の消費者教育推進課から「クレーム・苦情は、それ自体が問題とは言えず、（中略）クレームの仕方が適切であればクレームそれ自体は問題ない旨、リーフレットにも書いてほしい」という要望が出されている。

「はじめに」でも挙げたように、厚生労働省が出した対策企業マニュアルはカスハラを次のように定義している。

顧客等からのクレーム・言動のうち、当該クレーム・言動の要求の内容の妥当性に照らして、当該要求を実現するための手段・態様が社会通念上不相当なものであって、当該手段・態様により、労働者の就業環境が害されるもの

カスハラの定義は明文化しつつも、それそのものを取り締まる法律はないのが現状だ。刑事事件となったカスハラの多くは強要罪を中心としたもので、カスハラというハラスメントに対応したものではない。厚生労働省の対策企業マニュアルは「カスハラとはなにか」と定義しながらも、「個々の企業で線引きは違うだろうから……」という経営層への配慮から、「指針」を添えるに留まっているように見える。

どこからカスハラなのか。その線引きを明確にしない限り、二の足を踏む企業の多くは一歩を踏み出せず、被害はおさまらないはずだ。

カスハラの線引きを決める法律を

カスハラにどう対処すべきかは、本書を通じて幾度も語ってきたとおりだ。店員を殴れば暴行罪や傷害罪として既存の法律で対処できる。強要も同じように刑事事件として逮捕することができる。しかし、そうでないことの方が多いからこそ、カスハラの線引きが曖昧なまま、カスハラが横行しているのが現状だ。カスハラを規制する法をつくることは、カスハラの悪質な

行為についてはっきりと明文化することで、誰もが迷うことなく「これはカスハラです！」と言えるようにすることでもある。

国民の基本的人権の保障を原則とした法治国では、国民の意志によってつくられた法のもと国政がおこなわれる。言い換えれば、法があるから国家権力が行使されることが妥当だと誰もが判断できている。さまざまなルーツと言語を持つ移民たちが開拓したアメリカが訴訟大国なのは、さまざまな価値観・文化・対立のある人たちが共に暮らしていくために、誰もが共有する法整備が必要だったからだろう。

「A社ではカスハラとして対処していないのに、うちがやったら悪く見られる」「B社から流出した客層を、うちは『おもてなし』で取り込もう」……こんなことを言っている限り、カスハラは助長されるばかりだ。A社だろうがB社だろうが、お得意様でもご新規様でも、悪いものは悪いと罰する。そのために法律はあるのだ。

ストーカーとカスハラ

データ分析から見えてきたこと

もちろん、法整備は一日で成されるわけではない。二〇二二年、旧統一教会（世界平和統一家庭連合）の問題をめぐる被害者救済法案を、ニュースを見ながら「なんで早く通さないの」とやきもきした読者もいるだろう。法案をつくるには、実態を把握するためにヒアリングや調査を重ねる必要がある。その法案もニュースで報道されているように、国会で幾度も審議されることになり、妥当だと判断されてようやく法律は成立する。この法律が公布・施行されてようやく、現実にこの法律で取り締まることが可能になる。カスハラも同様に、新たな法整備をおこなって対応していく必要がある。カスハラに対応できる法をつくることは喫緊の課題だ。

すでに話したが、私が初めてカスハラについて調べたとき、カスハラの内容が記された文面を目で追いながら、脳裏をよぎった犯罪がある。それは、ストーカー犯罪だった。そして「カスハラにはストーカーと類似する心理がある」という当時の直感は間違っていなかった。というのも、その後に研究や調査、分析を重ねた結果、同様の傾向が見られたからだ。

そもそも、ストーカー犯罪とは、stalk（忍び寄る）が語源になっているストーカー行為にまつわる犯罪のことを指す。特定の人につきまとって待ち伏せをしたり、私生活を監視したりする行為のことだ。先にも触れた三鷹ストーカー殺人事件を契機に、ストーカー行為が犯罪であることやストーカー被害者がどれほどの危険に直面しているか、日本でも広く知られることになった。二〇一六年以降、警察への相談件数は減少傾向にあるが、行為者に強い行動制限を課す「禁止命令」は増加傾向にある。

最近の傾向としては、高齢者によるストーカー犯罪の増加が挙げられる。ストーカーの行為者としてもっとも多いのは二〇～四〇代だが、七〇代も数を伸ばしているのが近年の特徴だ。高齢者と犯罪の関連性についてはすでに話したとおりだが、拒否されても執拗なまでにメールを送りつけたり、留守電に異常な数のメッセージを残したりするケースが見られ、その執拗さや、拒絶されるほど行為が悪質化していく様は、カスハラ加害にも共通する。

ストーカー規制法に見る明文化の重要性

ストーカー規制法は、ストーカー行為を処罰するなど、ストーカー行為について必要な規制をおこない、被害者への援助の措置などを定めることで、個人の身体・自由・名誉に対する危害の発生を防止して、生活の安全と平穏を守ることが目的として明文化されている。身体的な危険のほかにも、名誉を傷つける行為や、リベンジポルノに見られるような性的なものに関する嫌がらせも規制対象になることは、この文章に含まれた単語を見ても明らかだ。

規制対象になる行為も、細かく記載されている。たとえば警視庁のストーカー規制法のページには「つきまとい」を「つきまとい・待ち伏せ・押し掛け・うろつき等」として説明し、「あなたを尾行し、つきまとう。あなたの行動先（通勤途中、外出先等）で待ち伏せする。あなたの進路に立ちふさがる。あなたの自宅や職場、学校等や実際にいる場所の付近で見張りをする／押し掛ける／みだりにうろつく」といった例も添えられている。これならわかりやすく、疑いを抱いている人も「やっぱりストーカー行為だ！」と読めば判断できる。

その他のストーカー行為についても具体的に書かれている。たとえば、第二条第一項第三号の「面会、交際その他の義務のないことを行うことを要求すること」や、第二条第一項第四号の「著しく粗野又は乱暴な言動をすること」。バカヤロー、コノヤローと怒鳴ったりメールを送ったりすること、自宅前で車のクラクションを鳴らしたりする等の例を挙げ、「速やかに警察に相談する」ことを防犯の心構えとして警視庁は推奨している。

これだけでも「カスハラも同じでは？」と読者も感じただろう。法整備までに時間がかかるとしても、ストーカー規制法の拡大改正で速やかに対応できるようになるはずだ。

ストーカー規制法の拡大改正

「相手に大声や暴言を発する、著しく粗野又は乱暴な言動をする」
「店舗内などで長時間にわたり要求を繰り返す」
「電話やメール、ＳＮＳなどで要求を繰り返す」
「性的羞恥心を害する事項を告げる」

こういった言動によって客は「相手に不安や恐怖を抱かせる」。被害を受けた企業や従業員は「営業をおこなうにあたり、行動の自由が著しく害される」ことになる。こういった内容であれば、カスハラ加害も規制対象になるはずだ。恋愛関係に限定しなければ、ストーカー規制法でカスハラ被害者を守ることができる。

曖昧な定義のままでは、対処もうやむやで物事は進まない。カスハラの新たな法整備だけでなく、速やかに対応できるようにするため、私はストーカー規制法に基づいてUAゼンセンの実態調査の結果も照らし合わせ、カスハラの定義をつくることにした。次のとおりだ。

【カスタマーハラスメントの定義】

購買行動の際、消費者の欲求が満たされず、過度な感情を有して、店舗従業員や消費者窓口担当者、企業自体に過度な要求を行うことをカスタマーハラスメントとする。過度な要求とは、金品の要求、商品の交換、修理、返品や、従業員などの接客態度の強要、謝罪の強要などを指す。また、具体的な言動には次のようなものが挙げられる。

①相手に大声や暴言を発する、ないし著しく粗野または乱暴な言動をすること。

②店舗内などで、長時間にわたり、要求を繰り返すこと。

③電話やメール、SNSなどで、要求を繰り返すこと。
④相手に性的羞恥心を害する事項を告げること。
⑤要求が満たされないときに、相手が不安や恐怖を抱く言動をおこなうこと。
⑥従業員や店舗、企業の名誉を害する事項を告げ、またはそれを不特定多数が知りうる状態に置くこと。
⑦営業をおこなうにあたり、行動の自由が著しく害される不安を抱かせること。

カスハラを防ぐ法律をつくることで、誰もがはっきりと「これはカスハラだ」とわかるようにする。それによって、企業はもちろん、消費者の側も「犯罪行為をしない」「犯罪行為を見逃さない」ために大きな一歩を踏み出せるようになるはずだ。

コラム⑤　楽しい買い物が楽しい社会をつくる

心地いい接客と出合える街シアトル

私は、アメリカの司法関連施設や社会福祉の現場を知ってもらうために、学生のシアトル研修の引率をしている。

シアトルをよく知らない人でも、二〇二〇年の人種差別抗議デモの様子をテレビで見たことはあるかもしれない。その印象は強烈かもしれないが、アメリカの中でも比較的移民に寛容な街だ。文化も自然も豊かな大都会で、行ったことのない人でもシアトル系コーヒーは口にしているだろう。スターバックスが誕生した街シアトルは、大都市でありながら海と山、森に囲まれ、市内でも広大な草原が広がっている。一年中暖かく、よくテレビドラマのロケ地にもなっている。

そんなシアトルでは、だいたいどこの店に入っても、レジで店員から気軽に声をかけられる。不愛想であっても笑顔であっても、客に媚《こ》びないで、時に苦言を言ったりさえする。客も、そこでの会話を当たり前のように楽しんでいる。

シアトル研修でも、学生たちは最初のうちは戸惑うことが多い。商品をバーコードリーダーに当てながら「このお菓子、私も好き。あなたもそう?」と店員に笑いかけられたり、小さなレストランでも料理を頼むと「そのオーダー、とってもおもしろいと思う」と褒められたりして、驚いて反応に困っている。不慣れな英語への戸惑いよりも、日本とあまりに接客スタイルが違うから戸惑っているのだ。そんな学生も次第に笑顔を返したり、「Thank you. You, too.」と自然に言葉を返したりするようになる。

「すごく楽しかった! こんなに買い物するのが気持ちいいって知らなかった!」

帰国後、そんなふうに学生たちが話してくれる。会話があって笑いがある。日常生活のリラックスしたシーンが買い物先で当たり前にあることを、日本からやってきた学生たちは知ったのだ。

NHKのニュース番組「おはよう日本」での取材で私の「お客様は神様じゃなく、おたがい様である」という言葉を取り上げてもらったことがあるが、まさにシアトルで学生たちが経験したことはおたがい様な関係性だ。店も客も、お互いが対等な立場だと実感したことを、学生たちは「楽しい」「気持ちいい買い物」と知ったのだ。

満足とはなにか?

ちょっとした会話をして店を出る。気持ちのいい買い物をしたあとのワクワク感や温かい気持ちは、大げさに言えば「幸せな気持ち」に似ている。消費者行動研究でも、消費者の満足感や幸福度を調査している研究がある。こうした研究では「ウェルビーイング（well-being）」という言葉が使われる。

ウェルビーイングとは、心身と社会的な健康を意味する。心理学では、仕事や結婚、買い物などといった経験に対して、自分自身の幸福度をどう評価しているかが研究されている。消費者行動研究では、たとえば物質的な買い物と経験的な買い物、どちらにより消費者が幸せを感じるかを調べる実験がおこなわれている。こうした分野では「顧客幸福（customer happiness）」や「顧客満足（customer satisfaction）」といった言葉が使われる。日本でも、「顧客満足度№1！」という宣伝文句を目にする機会は多いはずだ。

一方で、就職・転職サイトなどでは、働きがいのある企業を紹介する際に「従業員満足度」という言葉が使われていたりする。「お客様の満足度が高ければ企業成績は上がる」と考えられてきたが、当然ながら働いている当事者がすり減ってしまっては、企業成績は伸び悩む。そもそも、お客様の満足をかなえているのは従業員だ。従業員が心身ボロボロで仕事に働きがいを覚えられなければ、ベストな仕事はできない。そのため、従業員満足度（employee satisfaction）も重要視されるようになった。

年々、日本の労働環境は改善されている。政府も「働き方改革」に乗り出し、その推進のための法律を二〇一八年に成立させている。最低賃金は少しずつ上がっているし、「ブラック企業」に人々が敏感になり、優秀な人たちが自社に就職・転職してきて、働きつづけてくれるよう工夫している企業も多い。ところが、日本企業における「働きがい」そのものは高まっていないという。

二〇二二年にアメリカの調査会社ギャラップがおこなった調査結果では、日本では意欲がある従業員の割合は低く、なんと調査対象一二九カ国のなかで一二八位、最下位の一つ上という結果になったのだ。この結果に驚く人もいるだろうが、思わず納得してしまった読者も多いかもしれない。調査方法や日本人の控えめな性格を考慮しても、結果に大差はないだろう。カスハラ社会で働く人たちは、従業員としても客としても、ウェルビーイングから遠ざかっていっているようにも見える。働き方改革で労働条件などを整えるだけでは、従業員の満足も消費者の満足も伸び悩むことになるのは目に見えている。

シアトルで学生たちが感じたような幸福感が、日本でも感じられるようになる日はまだ遠そうだ。

終章　カスハラのない国へ

「よいサービスに正当な対価を払う」文化へ

「失われた三〇年」後のいま

一九八六年から一九九一年にかけてのバブル景気が崩壊したあと、日本の経済は低迷した。「失われた一〇年」と呼ばれていた一九九〇年代から二〇年。待ち望まれていた経済成長率は戻ることなく、気づけば日本の国際競争力や収益力は低迷している。スイスのビジネススクールIMDが発表している「国際競争力ランキング」では、バブル期の日本はアメリカを抑えて一位だった時期が一九八九年から四年続いていた。その三〇年後の二〇一九年、日本は三〇位になっている。また、グローバル企業のランキングのベスト五〇〇（「フォーチュン・グローバル五〇〇」）に入っている日本企業の数も、一九八九年は一一一社だったが、二〇一九年にはほぼ半数の五二社に減っている。

少子高齢化が進んで人口も減少し、労働人口はますます先細っていく。移民を受け入れることで経済立て直しに成功したシンガポールやオーストラリア、カナダのような政策も日本では難しい。外国人労働者は受け入れても移民を認めない政府の方針により、すでに日本で暮らして働いている外国人でさえも苦労する場面は多い。

国民の将来の安定と生活を守るための社会保障制度も破綻リスクを抱えたまま、金融庁が

「老後の三〇年間で二〇〇〇万円が不足する」と個々人の生活能力を問うような状態だ。自己責任論が強い風潮はますます高まっていっているようにも感じる。この「失われた三〇年」の間、根本的な解決をうながすような変化や大きな転換を嫌い、政府が打ち出してきた金融政策はいずれも功を奏することもなく、責任も宙に浮いたまま「失われた四〇年」という言葉のカウントダウンがはじまろうとしている。

安売りを当然視するのではなく、よいものには適正な価格を払う。お客様は神様ではなく、公正公平に評価するという第一歩を踏み出さなければ、私たちの能力や生産価値は使い潰され、日本という国の未来は失われつづけることになるのかもしれない。

日本人は幸せか

「一億総中流」と呼ばれたかつての日本では、仕事にも消費にも意欲にあふれる人たちで経済成長は支えられていた。しかし、いまとなっては生涯賃金は下がり、物価は上がるばかり。気づけば仕事への意欲も消費への意欲も以前に比べてずっと下がった。老後不安を抱え、生活に余裕がない日々のなかで、現代の日本人は、生活や仕事に対して低い自己評価を抱えて生きているのが現実だ。働けども安心して将来設計を描けなければ、自信も失われていく。ウェルビーイングの危機と呼んでもいい状態だ。

しかし、テレビをつけると「日本すごい」「日本人すごい」と外国人が褒める番組や、外国で支援活動をおこなってきた日本人や現在活動をしている日本人を賛美する番組も増えてきた。愛国心を持つことは間違っていないが、現状が改善されることもないまま、「失われた四〇年」が迫る日々から目を背け、過去の栄光にすがって誇りを語ることが幸福につながるかと言えば、首を傾《かし》げざるをえない。

アメリカの心理学者アブラハム・マズローは、人間の欲求を五段階のピラミッドで示している。生理的な欲求と安全の欲求が十分に満たされている人は、ようやく次の段階にある社会的欲求と愛の欲求、つまり人間関係における欲求を持つようになる。自分の居場所ができると今度は承認欲求が芽生える。これらの欲求が満たされ、自信を持った状態になると、自分に適した状態、自分の理想に向かって動きたいと思うようになる。

このピラミッドの土台から揺らいでいる状態のまま、けれど自分一人の力ではどうにもならないとき、人は同調バイアスによって自己防衛に入ることは第二章で話したとおりだ。国全体の低迷が、悪質なクレームとカスハラを生む土壌となっている、と言えるのではないだろうか。

孤島の国ニッポン

明治維新を経て日本は、西洋に追いつけ追い越せと近代化に入った。満州事変から第二次世界大戦ではアジアへと武力侵攻し、敗戦というかたちで戦後を迎えた。奇跡の戦後復興と経済成長期を体験した日本は、長い歴史のなかで見れば短時間で大きな変化と成長を遂げ、まったく別の社会に変身したかのようにも見える。

だが、意識のレベルでは根強く変わらない部分があるように思えてならない。たとえば、日本製品の商品広告で目にする外国人モデルにはやたらと白人が多い。テレビCMに至っては、日本人よりも背が高くすらりとした、体軀《たいく》のいい白人男性か金髪の白人女性が辿々《たどたど》しい発音の日本語を発してお茶の間で笑いを誘おうとする。

「日本人の対外国人態度」を調査した研究に、同じ商品を外国人モデルと日本人モデルとで宣伝し、宣伝効果を調べたものがある［岩男　一九八九］。これによると、バブル期で日本人がもっとも自信に満ち溢れた〝ジャパン・アズ・ナンバーワン〟の時期においても、日本人モデルよりも白人モデルが宣伝している方が魅力的だと答えた日本人が多いという結果になった。それまでにすでに指摘されてきた日本人の白人コンプレックスと一致していることは否定できない、と報告にも記されている。

日本は移民を認めていないが、外国人居住者の数は年々増えつづけている。その数は二〇一九年の時点では日本の総人口のうち約二・三％を占めている。そのうち日本で働いている外国人労働者の四分の一は中国人で、同程度の割合で次いでベトナム人、三番目のフィリピン人は約一〇%、続くブラジル人は八%になっている。人手不足の日本をアジアから来た人たちが一緒に支えてくれていることが、こうした数字からはわかる。だが「反中」「嫌韓」という言葉が示すように、アジアに対する嫌悪感を抱く日本人もいる。技能実習生に対する人権侵害問題や、入管施設で二〇一七年からの五年のうちに自殺者も含めて亡くなっている外国人は皆、白人ではない有色人種だ〔金 二〇二〇〕。

アジア人に対する誤った優越感は、歴史をめぐる意識や経済成長期に一位だった成功の思い出から抜け出せていないことの表れだ。

一方で、「日本すごい」の共同幻想に浸っていれば、同じ日本人に優しいかと言えば、そんなことはない。テレビに出演していた女性がネット上の誹謗中傷をきっかけに自殺したが、同じようにSNSなどで誹謗中傷を書かれて悩む人は、子どもも含めて増えている。気軽な気持ちでネット上で誹謗中傷を書き込んだり、ネット炎上に加わったりする人の数は驚くほど多い。ムラ社会的な閉鎖的な価値観と閉塞感は変わらないままのように感じられる。

日本の未来へ

過去に固執して時代の変化に取り残される。カスハラ気質は日本のこうした閉塞感からきているようにも感じる。だが一方で、私は日本の未来を悲観ばかりしているわけでもない。

大学教員として学生たちと話をしていると、明るい変化も感じるからだ。上の世代ほど強い自己主張はないし、不運な世代としての意識が強い傾向は感じられるが、公平さに対する意識が外へと開かれているのがわかることがよくある。多様性に対して肯定的で、外国からの留学生とも分け隔てなく接し、悪事に対して情緒的に反応するのではなく「なんでだろう?」「こういう対策がとれるんじゃないか?」と熱心に話す。そんな様子を見ていると、デジタルネイティブとして世界とリンクして育ってきた世代の強みをひしひしと感じたりもする。

加害者と被害者の心理分析をおこなってきた私は、さまざまな犯罪の可能性を生む背景や要因を分析し、その防止対策にも協力してきた。実際に犯罪の芽を摘むだけでは犯罪はなくならない。人間一人ひとりが人権意識を持ち、自分の権利も他人の権利も尊重できる、自律した存在になっていくことが社会をよくする正道だ。これはカスハラも同じだ。視野の狭い閉鎖的な殻を打ち破り、人として当たり前な節度を持って誰に対しても接する。多様性を認め、誰もが平等に自己実現に向かっていけるような社会やルールづくりを模索していけば、その先に光は見えてくるはずだ。

デジタル時代の顧客対応

データサイエンスとは

二〇二一年九月一日、日本のデジタル社会実現を目指すデジタル庁が発足、二〇二二年六月七日には「デジタル社会の実現に向けた重点計画」が閣議決定された。「誰一人取り残されない、人に優しいデジタル化を」を謳《うた》い文句に、さまざまに異なる環境やニーズを踏まえたきめ細やかな対応によって、いつでもどこでも、誰もがデジタル化の恩恵を受けられる社会が目指されているそうだ。

しかし、多くの人は「いまさら……!?」と驚くのではないだろうか。SNSをいつから使いはじめたかをすぐには思い出せないほど、長く使っている人もいるだろう。多くの人は、デジタル社会は不可避ですでに到来していると感じているはずだ。二〇一一年に地上アナログ放送は終了したし、その一〇年前から電子マネーで交通機関やお店を利用する生活がはじまり、いまではさまざまなキャッシュレス決済の方法がある。IoT（Internet of Things、モノのインターネット）という言葉が登場してから、すでに一〇年以上が経過して、当初は物珍しかったIoT家電もいまでは生活に浸透している。コロナ禍で急速にデジタル化が進み、オンライン会議やメールなどによって在宅ワークで働く人も以前よりずっと増えた。カスハラやクレーム対応についても、デジタル化は無視できない。情報はますます過多になり、どの情報を収集するのか、それをどのように処理し、伝えるのか。こうした課題を前に手をこまねいている状況だからこそ、日本はしばしば「デジタル後進国」と呼ばれるのだろう。だからこそ、データサイエンスがなによりも重要で、接客対応にもデータサイエンスが不可欠になってくることは間違いない。

データは分析・実用されて、初めて「価値」が出る

「データサイエンス」という言葉を聞き慣れない人でも「ビッグデータ」という言葉なら聞いたことがあるだろう。ビジネスや学術に使うことを目的に収集・分析される膨大なデータを指すビッグデータも、データサイエンスのメスがあって初めて活きてくる。

データサイエンスは、膨大なデータから価値を見出す科学を指す。プログラミングや機械学習、数学や統計学などのアプローチからさまざまな理論を活用し、データの分析や解析をおこなって有益なものを導き出す。犯罪捜査で犯罪の性質や特徴を分析して犯人の特徴を推論するプロファイリングと同じように、接客対応も個別のケースをデータとして捉え、分析することで「成功する接客対応」につながる。

データそのものに価値があると思い込み、「クレーム対応に関する情報は貴重な我が社の資源！　ライバル他社との差別化のために機密扱いでくれぐれも漏洩《ろうえい》には気をつけてくれたま

え」と、なにに使うかもわからないまま、ただただ記録と厳重保管を申し付ける経営者がいる。残念ながら、分析されることも実用に結びつくこともなく、ただただ溜め込まれつづけるばかりのデータはガラクタ同然だ。

「データの抱え込み」の悪はそればかりではない。というのも、そもそもデータの母数が大きいほど分析結果の確からしさは増すからだ。同業他社と協力し合ってデータを統合し、より精度の高い結果を出した方が適切なクレーム対応をおこなえるような土台を持つことになる。業界全体でクレームを減らした方が、売り手・買い手・社会がうれしい「三方よし」になる。

データから得た知見からクレーム対応の成功モデルをどのように現場に落とし込み、実用化させるのかも、カスハラ対策をおこなう企業にとっては大きな課題だ。これも各社の個別判断に依存すると、「うちはすでにマニュアルもつくったし、業務効率化に向けてツールをいくつも入れてますので」と胡座《あぐら》をかく上層部に対し、現実には部署間で連携がとれていなかったり、現場の情報がなかなか汲み上げられないシステムのままだったりする事態になりかねない。業界全体でクレーム対応に関するデータを一元化することは、抜本的な整備への取り組みにもなるのだ。

CRMの活用

クレームなども含めた顧客とのコミュニケーションの履歴をデジタルで保存し、管理するには、ＣＲＭと呼ばれるマネジメント方法が用いられることが多い。ＣＲＭは「Customer Relationship Management（顧客関係管理）」の略で、利益の最大化のために顧客との関係性をツールやシステムを使って管理することを指す。

たとえば、連絡先や購入履歴、電話やメールでのやりとりなどの記録をとることもＣＲＭの一つだ。こういった記録があれば、顧客からの問い合わせにすぐに対応することもできる。データベースで一元化された顧客情報は、分析することで次のプロモーションやアフターケアに用いられることもある。

顧客のニーズに応えるために金融業界で用いられていたＣＲＭは、新規の顧客獲得やアフターケアによる維持に利用されてきた。カスタマーサービスの品質を向上させるため、コールサービスでも顧客情報のデータベースが活用されている。電話をかけた客は、長く待たされたり、顧客対応をする従業員に話がうまく通じなかったりすると、苛立ちからクレーム行動が攻撃的になることがよくある。すぐに対応できれば、未然に防ぐことができる。

コールセンターに特化したＣＲＭシステムのなかには、回答のテンプレートやスクリプトが表示される機能もあり、担当者の応対能力を問わずスムーズに対応できるように導いてくれるものもある。対話内容や報告も一緒に記録していけば、対応フローも構築して共有することができる。カスハラ加害者に対峙《たいじ》する側にとっても役立ち、カスハラ加害者には毅然《きぜん》とした対応をとる組織の姿勢も伝わり、モチベーションを上げることもできるだろう。

こうした取り組みをおこなっていれば、顧客満足度の高さから必然的に顧客層もよくなる。ただし、企業形態によって顧客との関係のあり方はもちろんのこと、応対の仕方やその反応も違ってくるので、カスハラ対策については留意が必要だ。たとえば、ドラッグストアやスーパーマーケットなどの不特定多数の客を相手にするようなシーンでは、一人ひとりの客の情報を聞き取って記録するのは効率的ではないし、コストも悪く、その効果も出にくい。また、病院や介護ケアの場合は、地域医療と連携して情報を共有し合うことを目的とした専用のCRMシステムもあるが、一人ひとりの患者やその家族といった個別対応が求められるシーンでは、CRMを使って対応するのは難しく、現場対応の方が素早く的確におこなえるだろう。

犯罪者プロファイリングの応用

ドラッグストアやスーパー、病院や介護といった、直接個々の顧客とやりとりをするサービス現場でも、カスハラ事例を集めて分析することで傾向を読み取り、カスハラ対策を講じていくことは可能だ。

実際に、損保業界では、企業の垣根を越えて業界が一丸となって、保険金詐欺をはじめとした不正請求の防止策をとり、ＡＩを活用した情報共有システムを構築して活用している。たとえば、不正行為者とその手口の情報をデータ化し、管理者はこれにアクセスすることで不正請求の対応準備をおこなえるようになる。詐欺師は巧妙に、そして流暢《りゅうちょう》に嘘をつくが、演技をしていることには変わりない。時間が経《た》つほどに嘘をつく演技に疲れはじめるので、応対者が冷静であればその様子を見て「この客はクロだ」と推察できる。そして、追い込まれそうな状況に陥ればシッポを出す。逃げ出さねばならなくなって喚き立てるなどの悪あがきとして攻撃的な態度をとるのだ。これも詐欺案件の特徴をつかんでいるからこそ成せる業だと言えるだろう。

また、データサイエンスと犯罪者プロファイリングを応用することで、被害を食い止める術もある。コラム④で紹介したＡＩと犯罪心理学を活用した特殊詐欺対策の研究もその一つだ。特殊詐欺推定ＡＩモデルは、標的にされた高齢者が特殊詐欺電話を受けた際の心理状態をもとにしている。心拍数といった生理反応をはじめ、事前の心理尺度により調査した心理的な特性を合わせて、ＡＩによる推定を可能にしている。実際の電話応対時にカメラやミリ波センサーなどの非接触センサーから生理反応を推定するなど、高度な技術を駆使してより高精度に検知することが可能になる。

特殊詐欺電話の手口はさまざまで、ニュースでよく見る「オレオレ詐欺」や、警察官や銀行員を名乗ってカードを取りにくる手口の他にも、市役所職員を名乗って還付金を仄《ほの》めかすものから、有料サイト利用料を請求するという古めかしい手口まで多岐にわたる。犯罪者プロファイリングがＣＲＭの弱点を補えることを、この特殊詐欺推定ＡＩモデルは実証してくれているとも言える。

おわりに

日本では長い間、「お客様は神様」が曲解された商習慣が続いてきた。

諸外国に比べて「お金を払っているんだから偉い」という誤った認識のもと、カスハラを野放しにしてきた。しかし、買い物とは、そもそも「自分では得ることのできない物品を対価を払って得ること」「自分ではおこなえないサービスを、自らに代わっておこなってもらう」ものだ。

そう考えれば、客は「神様」ではなく、むしろ店や接客者とは「おたがい様」である。

この「おたがい様」という言葉は、自分へのこだわりを乗り越えないと出てこない。裏を返せば、他人への思いやりを持てないほどに余裕のない人たちが多いということだろう。現代日本の「余裕のなさ」を、カスハラは炙《あぶ》り出しているのかもしれない。

日本は経済成長が鈍化して、身近な生活そのものも地盤沈下を起こしつつある。「将来が見えにくい」と多くの人が感じている。時代の変わり目には、犯罪の質的変化が起こる傾向がある。そうした時期に長期政権を担った安倍晋三元首相が銃撃されたという凶悪で象徴的な事件も起きた。

程度は違えど、世の人々のどうにもならない憤りや漠然とした不満感が爆発するのは、遠い世界の話ではない。誰もが利用するスーパーやコンビニや家電量販店、コールセンターの電話口など、身近な場所でそれは起きている。

閉塞感が漂う時代を背景に、「誰かを攻撃する」ことを正当化し、不当な要求を繰り返すカスハラ加害者には、時代の犠牲者という側面もあるかもしれない。「誰かに我慢させる」社会を脱するためには、立ち止まって自分が加害者になっていないか、自分の姿を見つめる勇気が必要だ。「相手はお客様なのだから。それも仕事のうち」と歪んだ偏見を押しつけて、カスハラ被害者を苦しめていないか振り返ってみてほしい。そして、「おたがい様」と皆が気持ちよく言えるためにはどんな仕組みがよいのか、自分の意見を伝え、他の人の意見を聞いて、相手の気持ちを想像してみてほしい。

SNSなどが発達した高度情報化社会において、顧客の匿名による誹謗中傷や炎上などが起こり、カスハラを取り巻く社会問題も多様化して複雑化している。そんな時代だからこそ、いま一度「おたがい様」の持つ意味を考えることが大切だ。

「お客様は神様ではなく、お客もお店もおたがい様」

客も従業員も互いに尊重し合い、相手を思いやれる関係ができる。そんな消費者社会になれば、世界に誇れる日本の未来もやってくるはずだ。カスハラの犯罪心理学が、誰もが安心して働ける・消費できる社会づくりの一助となることを心より願う。

さて、本書を執筆するにあたり、多くの方々からご縁とお力添えをいただいている。

大学時代の同窓生で元ACAPの茨木彰彦さんは、カスハラ研究のきっかけを与えてくれた恩人である。それを機に、消費者窓口のエキスパートが集う研究会ができ、メンバーである近藤修さん、天野泰守さん、沼田秀毅さん、有賀隆之弁護士、岩本芳樹さん、田中美津子さん、里淳子園長からは、多くの事例や実務経験を教えていただいた。感謝いたします。

カスハラ研究では、私の研究室に在籍していた入山茂さんより多くの協力を得ており、また同僚の島田恭子先生とはカスハラ被害のストレス分析などの共同研究を続けている。このお二人の力無しに、カスハラ研究の進展はなかった。島田先生は、well-beingなどの社会実装を推進する㈳ココロバランス研究所代表でもあるが、日本カスタマーハラスメント対応協会の設立にあたってもお力添えいただいた。この協会には、酒井由香理事、窪田博さん、阿部光弘さん、安藤賢太さん、福田晴一さん、宮中大介さんが現在参加しており、それぞれの専門知識を活かした活動を行っているところでもある。皆様に深く御礼を申し上げます。

最後に、編集者の矢作奎太さん、編集協力の八鳥ねこさん、本当にありがとうございました。

付録　カスハラ・プロファイリング・メソッド（CPM）

実際にカスハラ被害に遭ったらどうすればよいだろうか。本書では、いくつかのヒントや方法を紹介してきた。ここでは、より具体的な対応策を示したい。犯罪心理学の知見とカスハラ研究の知見を集約した「カスハラ・プロファイリング・メソッド（CPM）」である。

CPMの手順は五つ。❶深呼吸をする、❷相手を観察する、❸状況を整理する、❹対応を試みる、❺心をケアする、である。

❶深呼吸をする

最初に、慌てないようこころがけよう。仕事の経験量や性格的傾向などから、比較的落ち着いていられる人もいれば、そうでない人もいるだろう。後者の場合、まず客を「過度なおもてなしを求める神様」ではなく、「同じ人間」だと考え、相手に対する認識を変えてみてほしい。

このとき、自分の呼吸に注目することが大切だ。慌てているときの呼吸は平常ではない。その呼吸を整えるため、一度小さく深呼吸をしてみよう。呼吸を気にする気持ちが生まれれば、慌てている自分を客観視する余裕を生み出す。

❷相手を観察する

カスハラ加害者の性別と年齢は、カスハラ対応における基本的な手がかりとなる。

年齢や性別、言動や態度、クレームの内容などから、なぜカスハラが起こったのかを知る手がかりを検討してみよう。クレームの内容に一貫性があるか。クレームに威嚇する言動が伴うか。態度が冷静か、興奮しているか。相手を観察しているうちに、自分が冷静になっていることにも気づくだろう。

❸ 状況を整理する

次に、カスハラの状況を整理しよう。状況には、大まかに四つのパターンが考えられる。

(1)ノンカスハラ：クレームのきっかけが、明らかに店、商品、サービス、企業のシステム、対応者にあると考えられるパターン。

(2)じわじわカスハラ：店や対応者側の不注意や勘違い、小さな不備などがきっかけとなって、客の言動がしだいに過度なものへとエスカレーションするパターン。

(3)異次元カスハラ：客の勘違いや被害者意識が原因と思われるが、きっかけが不明であるパターン。

(4)犯罪カスハラ：難癖や粗暴な行動、謝罪の強要などから、犯罪性が疑われるパターン。

❹ 対応を試みる

(1)**基本的対応**：ひとまず、次の三つをおこなってみよう。

●可能な範囲で素早く話を聞く

●過剰にならない程度に適切に謝罪する

●社内ルールに従った適切な補償やサービスなどを案内する

(2)**共感的対応**：基本的対応で解決しない場合、相手は心理面での不満を抱えている場合が多い。そこで、相手の言い分を聞く態度を示し、相手の要望に対して具体的な解決案を探ってみよう。

その際には、次の二つのテクニックが有効だ。

●**復唱・相槌**：相手の言葉を繰り返しながら、気持ちを察する一言を加えていく

例)「皿が汚れていて、食欲が失せた。どうしてくれるんだ」⇒「大変申し訳ございませんでした。お皿が汚れており食欲がなくなり、嫌な思いをされたのですね」

●相手目線での言葉選び：相手の目線に立った、具体的な言葉を使う

例)「まもなく払い戻します」⇒「すぐにお客様のお金を、お客様が受け取れるようにいたします」

(3)防御的対応：「ノンカスハラ」「じわじわカスハラ」は、共感的対応までで解決することが多い。
しかし、「異次元カスハラ」に対しては、四つの攻撃タイプ（第二章参照）に応じて、防御をしよう。
●回避・防衛⇓「はい、おっしゃることはごもっともです」といった返答で相手に対して差別的な態度をとっていないことを示す。
●影響・強制⇓「しばらくお待ちいただけますか」と返答し、心理的な距離感をとり、また相手がマウントを取り難い上司を呼びに行くなど、物理的な距離感もとる。
●制裁・報復⇓「その件については法律に詳しいものに相談いたします」と述べ、相手の出方を冷静に眺める。
●同一性・自己呈示⇓「おっしゃるとおりですね。ご指摘、どうもありがとうございます」と返答し、相手のプライドを損なわないようにする。
※すべてのパターンにおいて、一人で抱え込まず、困ったら周りにサポートを求める
(4)司法的対応：明らかに犯罪性が高い「犯罪カスハラ」の場合は、すぐに上司に相談し、組織として対応することが重要である。録画・録音をする。警察などへの通報を準備する。

❺ 心をケアする

最後に、応対者の心のケアを忘れてはいけない。上司が対応マニュアルを示したり、応対者がリフレッシュできる場や機会を設けたりして、職場で安心できる環境を整える。

組織的にストレス研修を開催したり、管理監督者の学びの機会を増やしたりするのも効果的だ。上司や同僚による感情的なサポートも、積極的におこなうべきだ。応対者が重度のストレスを感じた場合は、専門家に相談する。

カスハラ・プロファイリング・メソッド（CPM）の流れ

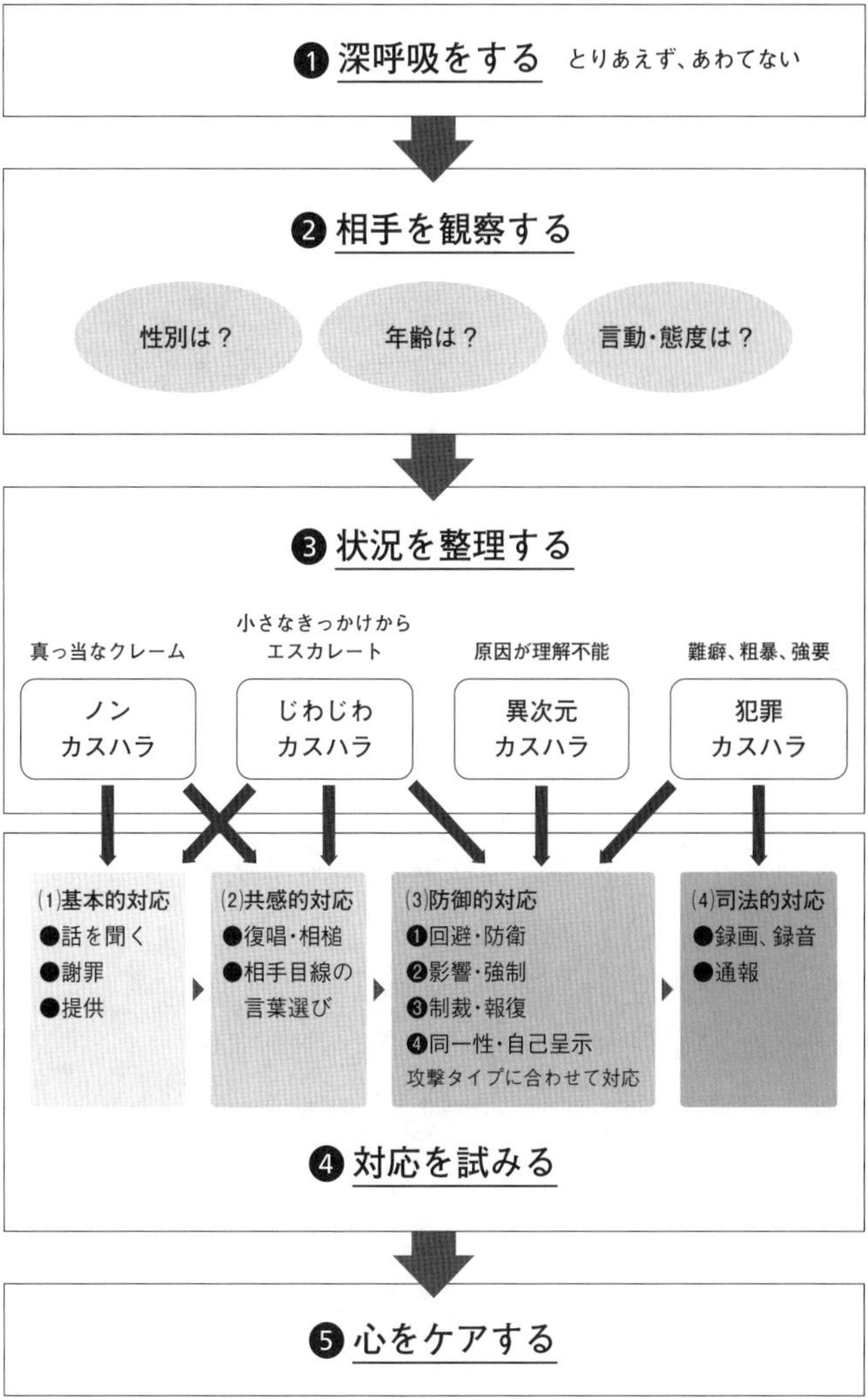
❶深呼吸をする
とりあえず、あわてない
❷相手を観察する
性別は？
年齢は？
言動・態度は？
❸状況を整理する
真っ当なクレーム
小さなきっかけから
エスカレート
原因が理解不能
難癖、粗暴、強要
ノン
カスハラ
じわじわ
カスハラ
異次元
カスハラ
犯罪
カスハラ
(1)基本的対応
●話を聞く
●謝罪
●提供
(2)共感的対応
●復唱・相槌
●相手目線の
言葉選び
(3)防御的対応
❶回避・防衛
❷影響・強制
❸制裁・報復
❹同一性・自己呈示
攻撃タイプに合わせて対応
(4)司法的対応
●録画、録音
●通報
❹対応を試みる
❺心をケアする

参考文献

●新聞、雑誌、WEB資料など

・カスタマーハラスメント対策企業マニュアル作成事業検討委員会　二〇二二「カスタマーハラスメント対策企業マニュアル」https://www.mhlw.go.jp/content/11900000/000915233.pdf（二〇二三年三月三一日閲覧）

・金明中　二〇二〇「日本における外国人労働者受け入れの現状と今後の課題」ニッセイ基礎研究所 https://www.nli-research.co.jp/report/detail/id=65051?pno=1&site=nli（二〇二三年四月二七日閲覧）

・桐生正幸　二〇二〇「科学研究費助成事業 研究成果報告書」https://kaken.nii.ac.jp/file/KAKENHI-PROJECT-16K13463/16K13463seika.pdf（二〇二三年三月三一日閲覧）

・警察庁（暴力団対策課・生活安全企画課）「令和3年における特殊詐欺の認知・検挙状況等について（確定値版）」https://www.npa.go.jp/bureau/criminal/souni/tokusyusagi/tokushusagi_toukei2021.pdf（二〇二三年三月三一日閲覧）

・産経ニュース　二〇一四年一二月二四日「『誠意ってお金のことですわ』コンビニ土下座事件…モンスタークレーマーが法廷で言い放った信じがたき〝常識〟　ついに裁判官もキレた!?」https://www.sankei.com/article/20141224-AKYMECXDBNKH7B4V2YZJ7W5CRM/（二〇二三年三月三一日閲覧）

・産経ニュース　二〇一五年五月九日「『くそおもろい笑』で炎上、ボウリング場で『土下座強要』させた学習能力ゼロの男女3人組」https://www.sankei.com/article/20150509-2EBHAS7PEFMOTHTI3CXJPMURKU/（二〇二三年三月三一日閲覧）

・産経ニュース　二〇一五年六月九日「クレーム謝罪、土下座しても店員の頭蹴る…傷害容疑で男逮捕　滋賀県警」https://www.sankei.com/article/20150609-5KAMU6CNCNKODFHMCQT6WWNC74/（二〇二三年三月三一日閲覧）

・「週刊現代」　二〇一三年一〇月二六日号「『しまむら』店員を土下座させて逮捕　クレーマー主婦をブタ箱に入れ

た『強要罪』はこんなに怖い」
・消費者庁　二〇二〇「我が国の消費者政策（「ハンドブック消費者」一部改訂版）」https://www.kportal.caa.go.jp/pdf/handbook.pdf（二〇二三年四月一七日閲覧）
・日本経済新聞　電子版　二〇二二年一〇月七日「かっぱ寿司逮捕1週間　営業秘密持ち出し、浮かぶ構図」https://www.nikkei.com/article/DGXZQOUE051UD0V01C22A0000000/（二〇二三年四月一七日閲覧）
・弁護士ドットコムニュース　二〇一三年一〇月四日「半沢直樹のマネ？『しまむら』店員への『土下座強要』は法律的にどうなのか？」https://www.bengo4.com/c_23/n_826/（二〇二三年三月三一日閲覧）
・弁護士ドットコムニュース　二〇一九年二月一四日「コンビニ店員にセクハラ、笑顔対応は『同意』じゃない　市職員が逆転敗訴」https://www.bengo4.com/c_18/n_9235/（二〇二三年三月三一日閲覧）
・弁護士ドットコムニュース　二〇二二年二月八日「通話録音の告知で『客の暴言が減った』　深刻化するカスハラ、シンポで対策を議論」https://www.bengo4.com/c_18/n_14100/（二〇二三年三月三一日閲覧）
・弁護士ドットコムニュース　二〇二二年一一月六日　「顧客への『神対応』がネットで絶賛された元お客様相談室長が『間違いだった』と反省するワケ」https://www.bengo4.com/c_18/n_15208/（二〇二三年三月三〇日閲覧）
・毎日新聞　二〇〇四年一二月一二日「東京・向島の刺殺：牛丼店長『クレームしつこく殺した』会社員殺害容疑で逮捕」
・毎日新聞デジタル　二〇一九年一〇月二三日「『カスハラ』労災10年で78人、24人が自殺　悪質クレーム対策急務」https://mainichi.jp/articles/20191022/k00/00m/040/132000c（二〇二三年四月一七日閲覧）
・読売新聞　二〇〇五年六月二三日付夕刊「クレーム客殺害事件　元牛丼店店長に懲役10年判決／東京地裁」
・Ｊ－ＣＡＳＴニュース　二〇一四年一二月三〇日「コンビニ店員に『土下座強要』、今度は北海道で　男女4人逮捕」https://www.j-cast.com/2014/12/30224433.html（二〇二三年三月三一日閲覧）
・ＵＡゼンセンちゃんねる「悪質クレーム対策★『悪質クレームを、許さない』by ＵＡゼンセン」https://www.youtube.com/watch?v=VOMbz77XA8Q（二〇二三年三月三〇日閲覧）

●論文、書籍など

・天野泰守 監修、日本対応進化研究会 編　二〇二〇『グレークレームを〝ありがとう!〟に変える応対術』日本経済新聞出版

・安藤清志、大島尚 監修、北村英哉、桐生正幸、山田一成 編著　二〇二〇『心理学から見た社会　実証研究の可能性と課題』誠信書房

・池内裕美　二〇一〇「苦情行動の心理的メカニズム」『社会心理学研究』25（3）, 188-198.

・岩男寿美子　一九八九「日本人の対外国人態度」『フィナンシャル・レビュー』12, 1-11.

・内山絢子　二〇〇〇「性犯罪被害の実態（1）性犯罪被害調査をもとにして」『警察学論集』53（3）, 76-98.

・大渕憲一　二〇〇六『犯罪心理学　犯罪の原因をどこに求めるのか』培風館

・桐生正幸　二〇一五「悪質クレーマーの検討（1）—消費者による苦情行動について—」『犯罪心理学研究』52（特別号）, 174-175.

・桐生正幸　二〇一六「犯罪心理学による悪質クレーマーの探索的研究」『東洋大学21世紀ヒューマン・インタラクション・リサーチ・センター研究年報』13, 45-50.

・桐生正幸　二〇二〇「悪質クレーム対策（迷惑行為）アンケート調査　分析結果：迷惑行為被害によるストレス対処及び悪質クレーム行為の明確化について」

・桐生正幸　二〇二一「日本における悪質クレームの分析」『東洋大学社会学部紀要』58（2）, 111-117.

・桐生正幸　二〇二二「近年における放火の犯罪心理学的考察」『火災３７８号』72（3）, 13-18.

・桐生正幸、入山 茂　二〇一八「犯罪心理学による悪質クレーマーの探索的研究（2）」『東洋大学21世紀ヒューマン・インタラクション・リサーチ・センター研究年報』15, 35-39.

・桐生正幸、入山茂　二〇一九「Ｗｅｂ調査による消費者の苦情行動の分析」『日本法科学技術学会誌：第25回学術集会講演要旨集』24, 136.

・桐生正幸、蘇雨青、田楊、高橋綾子、島田恭子　二〇二一「Social Network Service (SNS) を介した未成年者の犯

罪被害①―母親に対する調査結果について―」『東洋大学社会学部紀要』59（1），71-82.

・警察政策研究センター、太田達也　二〇一三「高齢犯罪者の特性と犯罪要因に関する調査」警察庁・警察政策研究センター

・幸山常男　二〇〇九「苦情行動研究会　科学的苦情対応に関する一考察：3つの苦情キーワードと5つのアプローチ」『ACAP研究所ジャーナル』3, 76-82.

・島田恭子、桐生正幸　二〇二二「組織資産を増やすカスタマーハラスメント対策：ポジティブ・メンタルヘルスに着目して」『リスクマネジメントTODAY』, 1326-9.

・島田恭子、酒井由香、桐生正幸 編　二〇二二「次世代のための消費者教育」

・田中泰恵、西川千登世、澤口右京、渋谷昌三　二〇一四「クレーム行動経験と個人特性の関係」『目白大学　総合科学研究』10, 55-61.

・中尾暢見　二〇一四「激増する高齢者犯罪」『専修人間科学論集社会学篇』4, 114.

・中村豊　二〇一七「ダイバーシティ＆インクルージョンの基本概念・歴史的変遷および意義」『高千穂論叢』52, 53-84.

・新田健一　二〇〇三「ホワイトカラー犯罪の社会心理学的考察」未公刊、二三七頁

・古川隆司　二〇一六「高齢者犯罪に関する研究動向」『犯罪社会学研究』41, 98-104.

・モンコンノラキット・モンコン　二〇〇三「クレーム行動を含む不満足回復の国際比較」『消費者行動研究』9（1-2），53-74.

・三波春夫　二〇〇一『歌藝の天地』PHP研究所、一五二―一五三頁

・吉川徹　二〇二二『コールセンターもしもし日記』フォレスト出版、七〇頁

・Bakker, A. B., & Demerouti, E. (2007) The Job Demands-Resources Model: State of the Art. Journal of Managerial Psychology, 22 (3), 309-328.

・Bull, R., Cooke, C., Hatcher, R., Woodhamns, J., Bilby,C. & Grant, T. (2006) Criminal Psychology: a beginner's

guide. Oxford: Oneworld.
・Kiriu, Masayuki and Iriyama, S. & Ikema, A. (2016) A study of Japanese consumer complaint behavior : Examining the negative experiences of service employees, international journal of psychology, (51) 301.
・Kahneman, Daniel (2003) A Perspective on Judgment and Choice: Mapping Bounded Rationality, American Psychologist, 58 (9) 697-720.
・Kahneman, Daniel and Amos Tversky (1979) Prospect Theory : An Analysis of Deci- sion under Risk, Econometrica, 47, 263-291.
・Northington, William Magnus, Gillison, S. T., Beatty, S. E. & Vivek, S. (2021) I Don't Want to be a Rule Enforcer During the COVID-19 Pandemic: Frontline Employees' Plight,"Journal of Retalling and Consumer Services, 63 (august), 102723.
・Packard, G. & Berger, J. (2020) Thinking of you : How Second-Person Pronouns Shape Cultural Success, Psychological Science, 31 (4), 397-407.
・Sawada, U., Shimazu, A., Kawakami, N., Miyamoto, Y., Speigel, L. & Leiter, M. P. (2021) The Effects of the Civility, Respect, and Engagement in the Workplace (CREW) Program on Social Climate and Work Engagement in a Psychiatric Ward in Japan: A Pilot Study. Nursing Reports, 11, 320-330.
・Sutherland, E.H. (1949) WhiteCollarCrime, Dryden, 9.
・Schrager, L.S., & J.F. Short, Jr. (1978) "Toward a sociology of organizational crime", Social Problems 25 (4), 411-412.

編集協力　八鳥ねこ
図版　田中えりな

桐生《きりう》正幸《まさゆき》

東洋大学社会学部長、社会心理学科教授。山形県生まれ。文教大学人間科学部人間科学科心理学専修。博士（学術）。山形県警察の科学捜査研究所（科捜研）で犯罪者プロファイリングに携わる。その後、関西国際大学教授、同大防犯・防災研究所長を経て、現職。日本犯罪心理学会常任理事。日本心理学会代議員。日本カスタマーハラスメント対応協会理事。著書に『悪いヤツらは何を考えているのか　ゼロからわかる犯罪心理学入門』（SBビジュアル新書）など。

インターナショナル新書一二三

カスハラの犯《はん》罪《ざい》心《しん》理《り》学《がく》

二〇二三年六月一二日　第一刷発行

著　者　桐生《きりう》正幸《まさゆき》

発行者　岩瀬　朗

発行所　株式会社 集英社インターナショナル
〒一〇一-〇〇六四 東京都千代田区神田猿楽町一-五-一八
電話 〇三-五二一一-二六三〇

発売所　株式会社 集英社
〒一〇一-八〇五〇 東京都千代田区一ツ橋二-五-一〇
電話 〇三-三二三〇-六〇八〇(読者係)
〇三-三二三〇-六三九三(販売部)書店専用

装　幀　アルビレオ

印刷所　大日本印刷株式会社

製本所　大日本印刷株式会社

ISBN978-4-7976-8123-9　C0236

インターナショナル新書

121
亜宗教
オカルト、スピリチュアル、疑似科学から陰謀論まで
中村圭志

宗教研究者とたどる、人間の〝妄想力〟をめぐる旅路。「亜宗教」とは、「近現代に生まれた非科学的で宗教めいた信念や言説」を指す。亜宗教の数々を取り上げ、「人間にとって〝信じる〟とはどういうことか」を暴き出す。

124
教養としての「病」
佐藤優
片岡浩史

週に三度の透析、前立腺癌、冠動脈狭窄と、立て続けに襲ってくる病魔と闘い続ける「知の巨人」が考える患者学とは？　京大法学部卒業という異色のキャリアを持つ担当医（東京女子医大病院 腎臓内科）との対話。

125
50歳からの学び直し入門
週刊東洋経済編集部 編

定年消滅時代、今後も長く働き続けることが求められる40～50代。そのために必要なのは、「リスキリング」か「リカレント」か？『週刊東洋経済』の特集「学び直し全ガイド」（22年10月22日号）を新書化。

126
プーチンの復讐と第三次世界大戦序曲
舛添要一

ロシアのウクライナ侵攻により、核兵器使用の脅威が高まっている。果たして、第三次世界大戦は起こってしまうのか。プーチンという政治家の作法、さらにウクライナ戦争の背景が理解できる決定版の一冊。